MOBILE SUIT **GUNDAM SEED FREEDOM**
CHARACTER ARCHIVE
機動戦士ガンダム SEED FREEDOM キャラクターアーカイブ

原画＝平井久司
仕上げ＝長尾朱美
特効＝八木寛文（旭プロダクション）
背景＝アトリエ ムサ

ii

i

i
原画 = 平井久司
仕上げ = 長尾朱美
特効 = gratan、CREATURE
背景 = gratan

ii
原画 = 平井久司(キャラ)、東賢太郎(メカ)
仕上げ = 長尾朱美
特効 = 八木寛文(旭プロダクション)
背景 = アトリエ ムサ

iii
原画 = 東賢太郎
仕上げ = 黒目綾子、藤原優実
特効 = 八木寛文(旭プロダクション)
背景 = アトリエ ムサ

iv
原画 = 米山浩平
仕上げ = 藤原優実
特効 = 古市裕一
背景 = 若松栄司(草薙)

iii

iv

CONTENTS

01

CHARACTER PROFILE

C.O.M.P.S.

キャラクター紹介

コンパス

キラ・ヤマト

CV = 保志総一朗

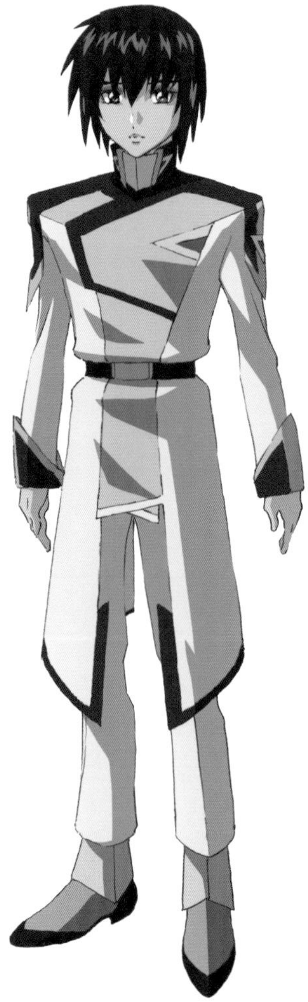

二度にわたる大戦を終結に導いた立役者。19歳となったC.E.75現在は、ラクスが総裁を担う世界平和監視機構コンパスの准将を務める。総指揮官として、軍事衝突やテロ行為の早期鎮圧に奔走しているが、いまだにその状況が改善しないことの焦燥感にとらわれ、疲弊していた。そんな折、ブルーコスモスの本拠地を襲撃する作戦が、新興国ファウンデーション王国の提案で計画される。だが、この作戦でキラはファウンデーションの策略に陥り、ラクスとの関係にも亀裂が生じる。失意のキラを再起に導いたのは、仲間たちとの絆とラクスへの不変の愛だった。

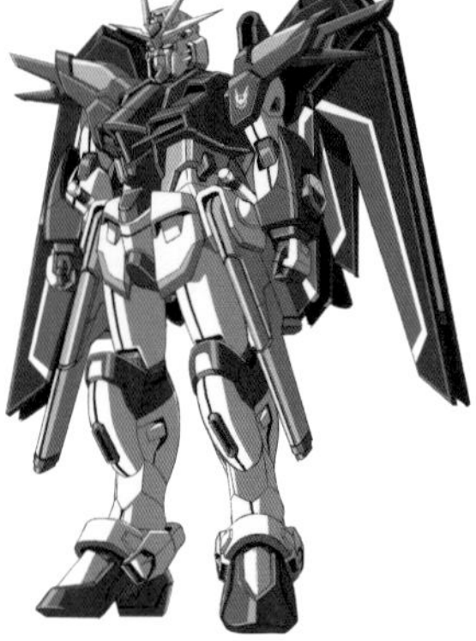

STTS-909
ライジングフリーダムガンダム

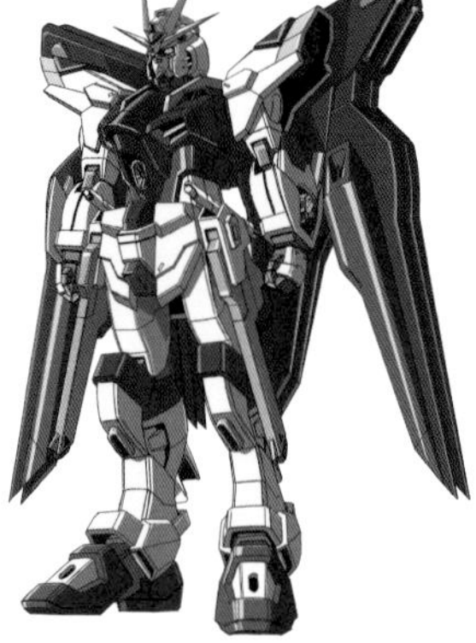

ZGMF/A-262B
ストライクフリーダムガンダム弐式

ZGMF/A-262PD-P
マイティーストライクフリーダムガンダム

当初の乗機ライジングフリーダムがブラックナイトスコードによって撃墜されたあと、ストライクフリーダム弐式を運用。さらに最終決戦では、ストライクフリーダム弐式とプラウドディフェンダーが合体したマイティーストライクフリーダムに搭乗した。

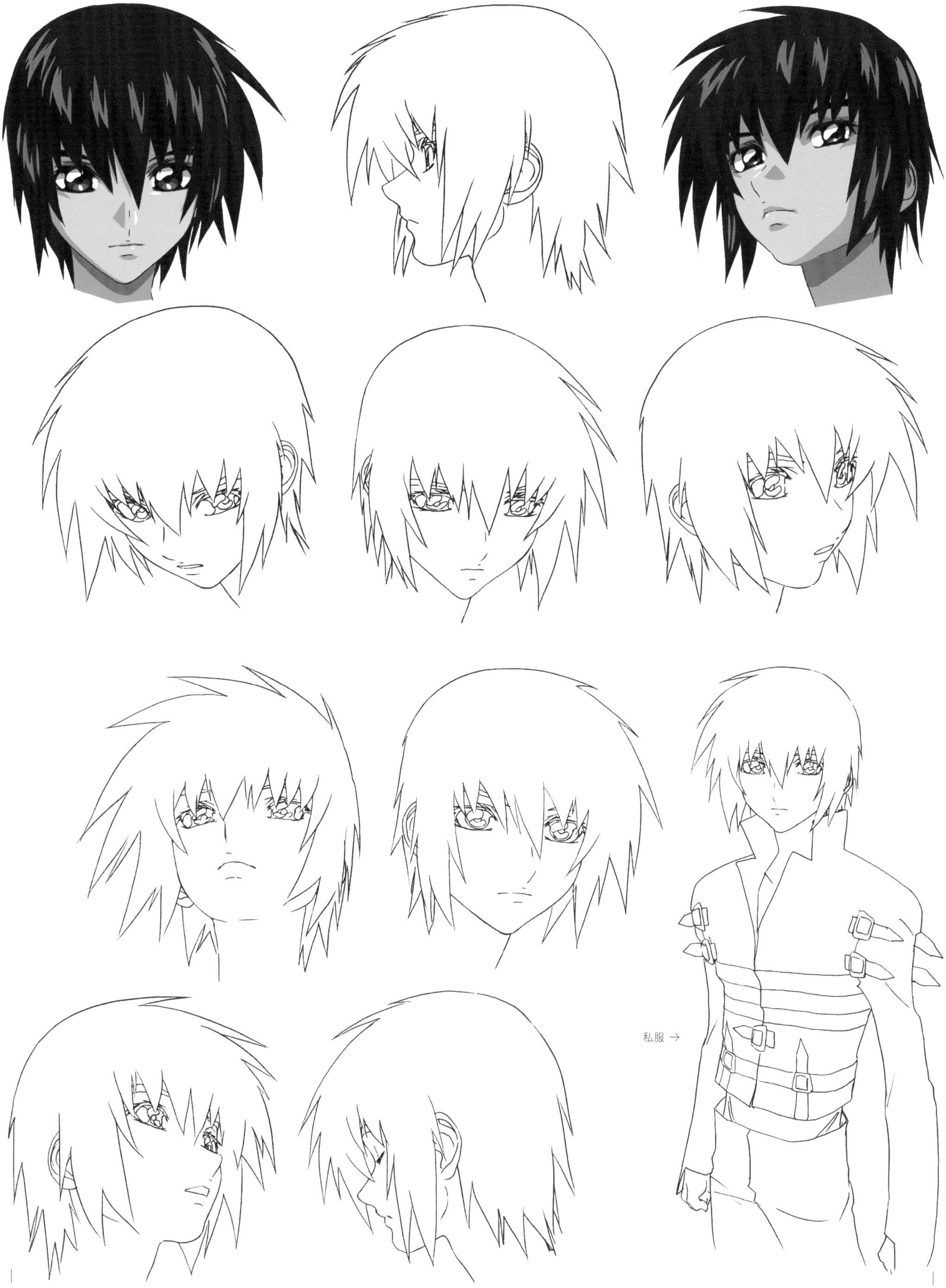
私服 →

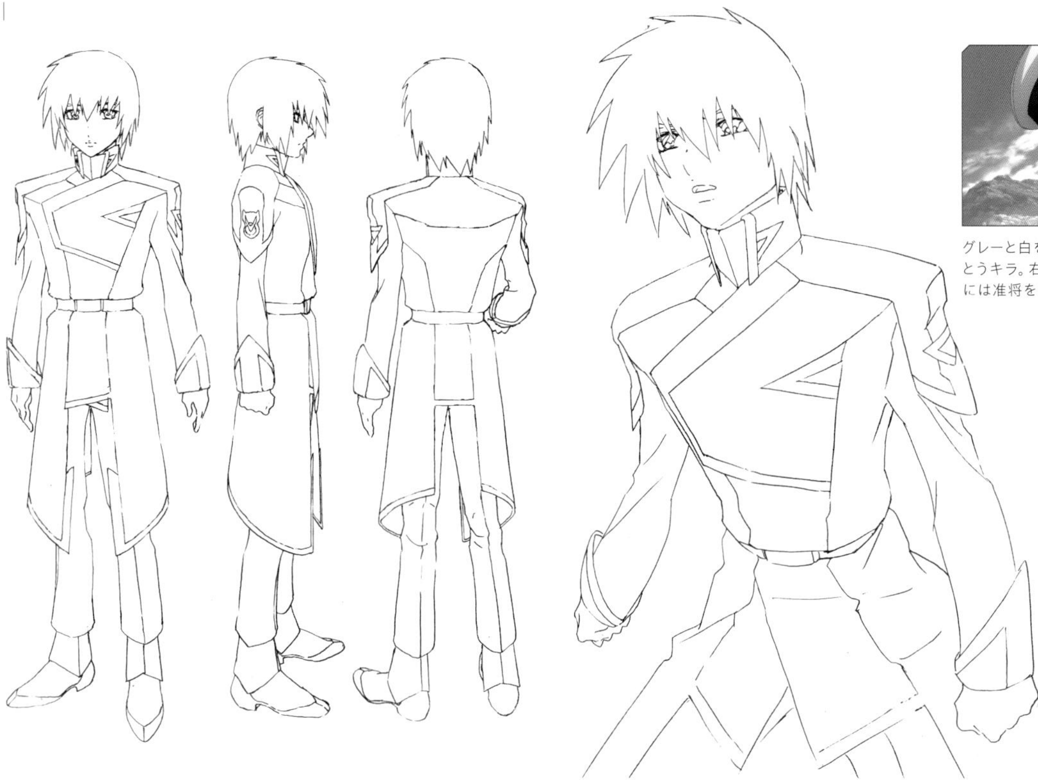

グレーと白を基調としたコンパスの制服を身にまとうキラ。右腕にはコンパスのエンブレム、左腕には准将を表す腕章が付けられた。

← コンパス制服

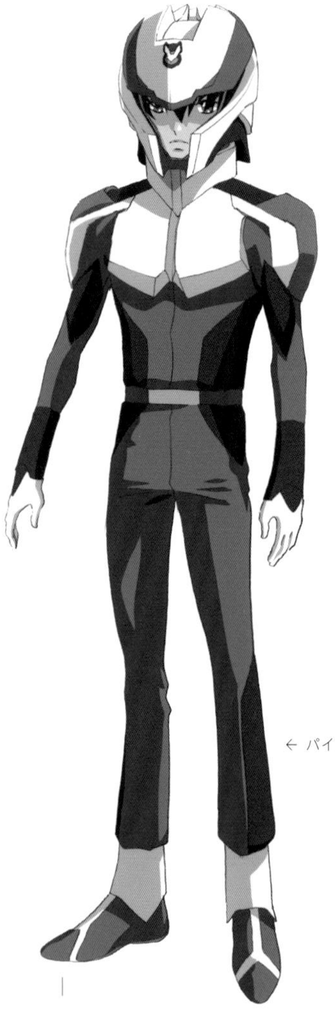

← パイロットスーツ

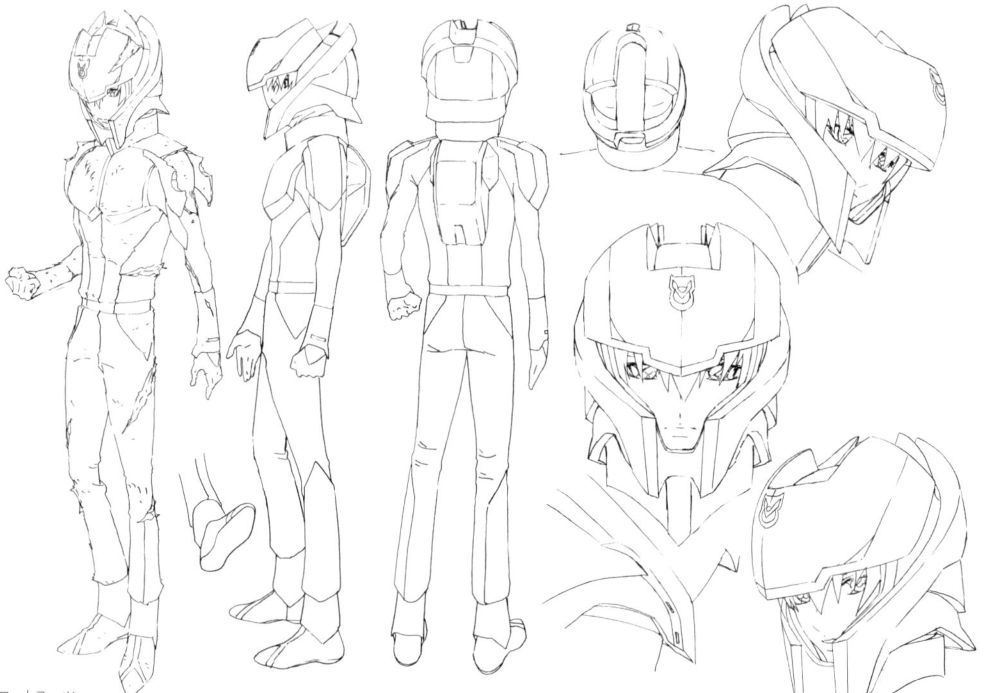

コンパス仕様のパイロットスーツ。ヘルメットの左右に付けられたボタンで、バイザーを開閉する仕組みになっている。

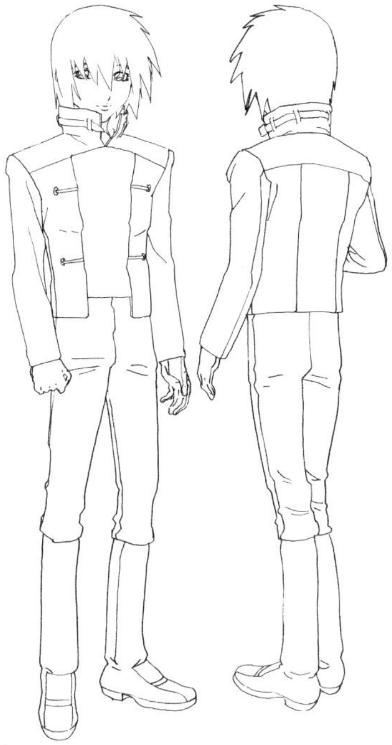

← ライダースーツ

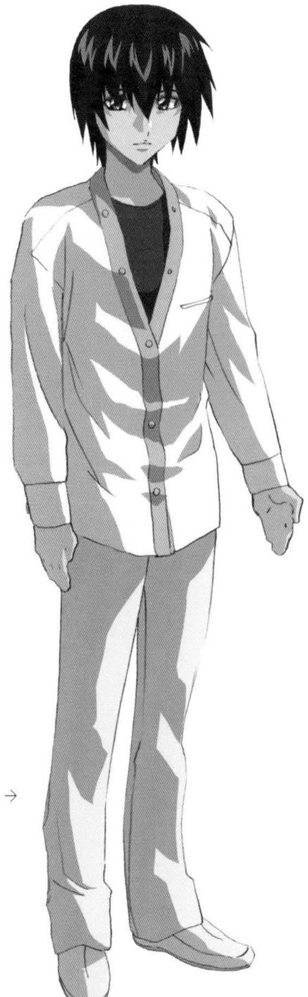

部屋着 →

↓ トリィ／ブルー

トリィは、幼なじみのアスランからプレゼントされたペットロボット。対になるブルーは、キラがラクスのために作ったもの。

ラクス・クライン

CV＝田中理恵

絶大な人気を誇ったプラントの歌姫であり、かつてプラント最高評議会議長を務めたシーゲル・クラインの娘。C.E.71、キラとの出会いをきっかけにザフト、地球連合軍双方から独立した勢力を結成。C.E.71の戦乱だけでなく、C.E.73～74に勃発した大戦も停戦に導いた。停戦後はカガリの要請を受け、コンパスの総裁に就任。新たな秩序の構築を目指す中、新興国ファウンデーション王国から提案された合同作戦に協力した。だが、ファウンデーションの宰相オルフェとの接近は、ラクスの心を惑わせ、さらにキラを窮地に追いやってしまう。それでもキラへの愛を貫いたことで、自由のある世界を守り抜いた。20歳。

前線に立つ機会は少なくなっていたが、キラが乗るストライクフリーダム弐式に対し、自らプラウドディフェンダーを届けている。

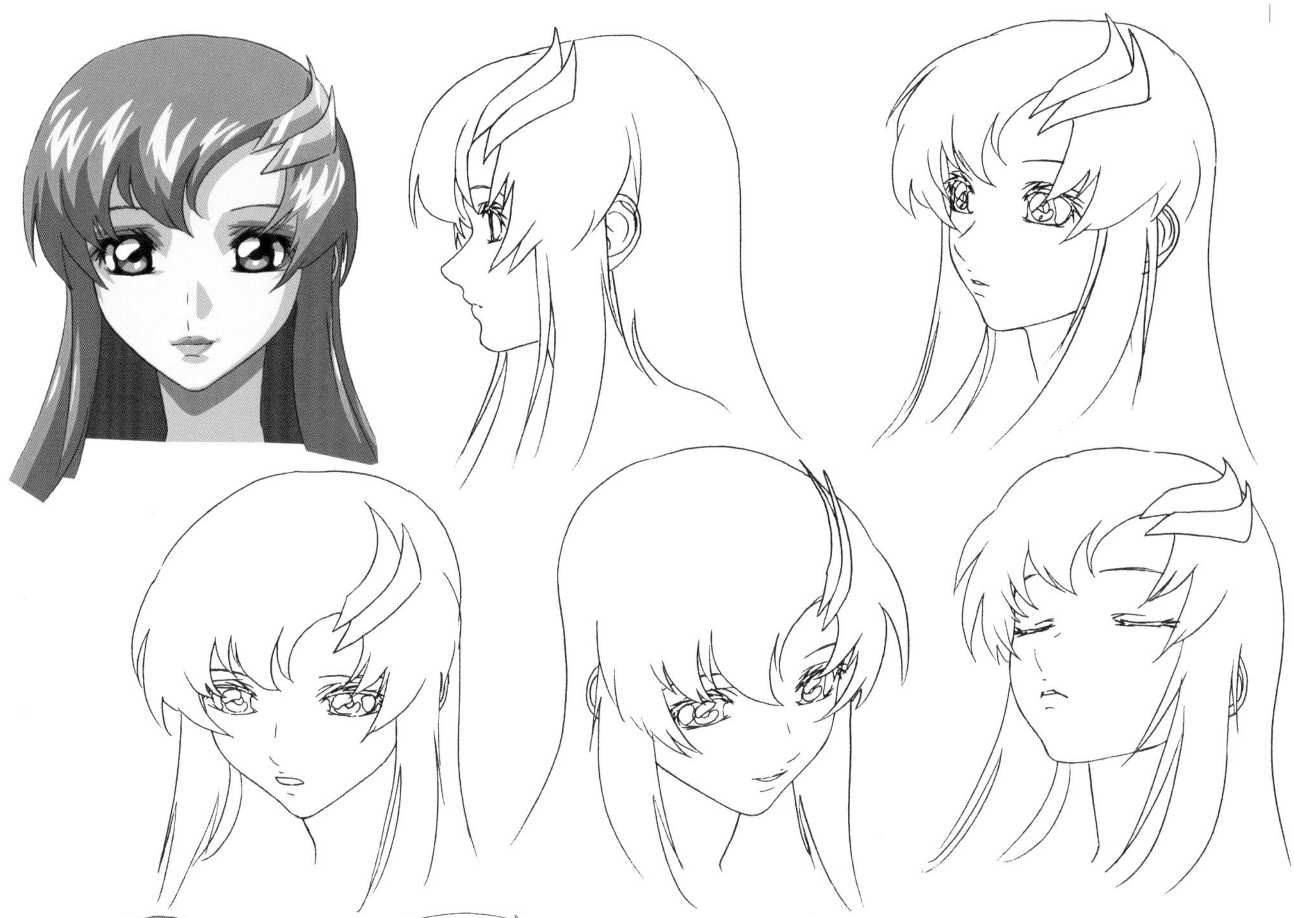

公務服 →

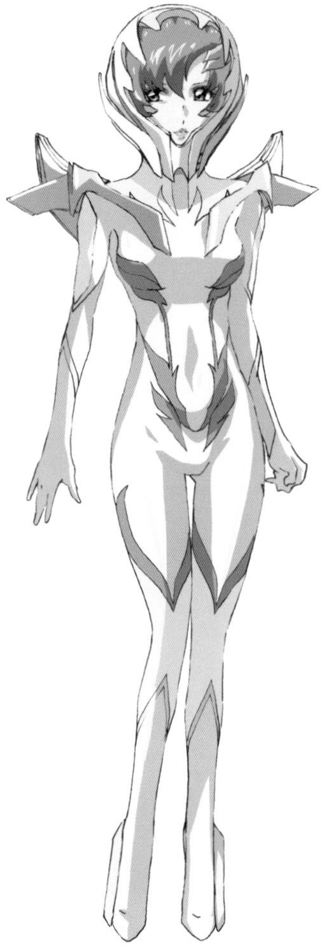

← パイロットスーツ

羽の意匠を取り入れたパイロットスーツ。背中とヘルメットには折りたたみ式の羽状のパーツがあり、展開が可能。

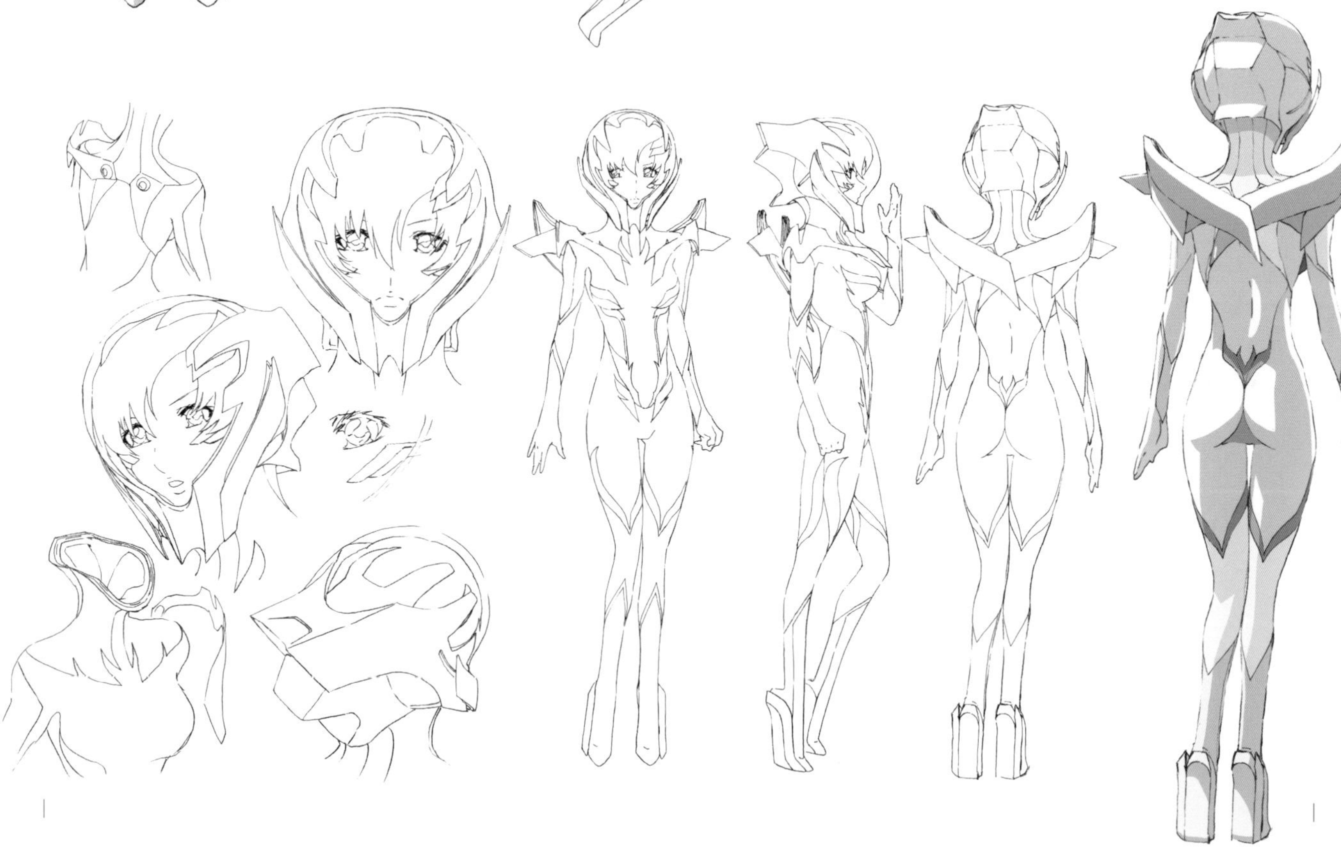

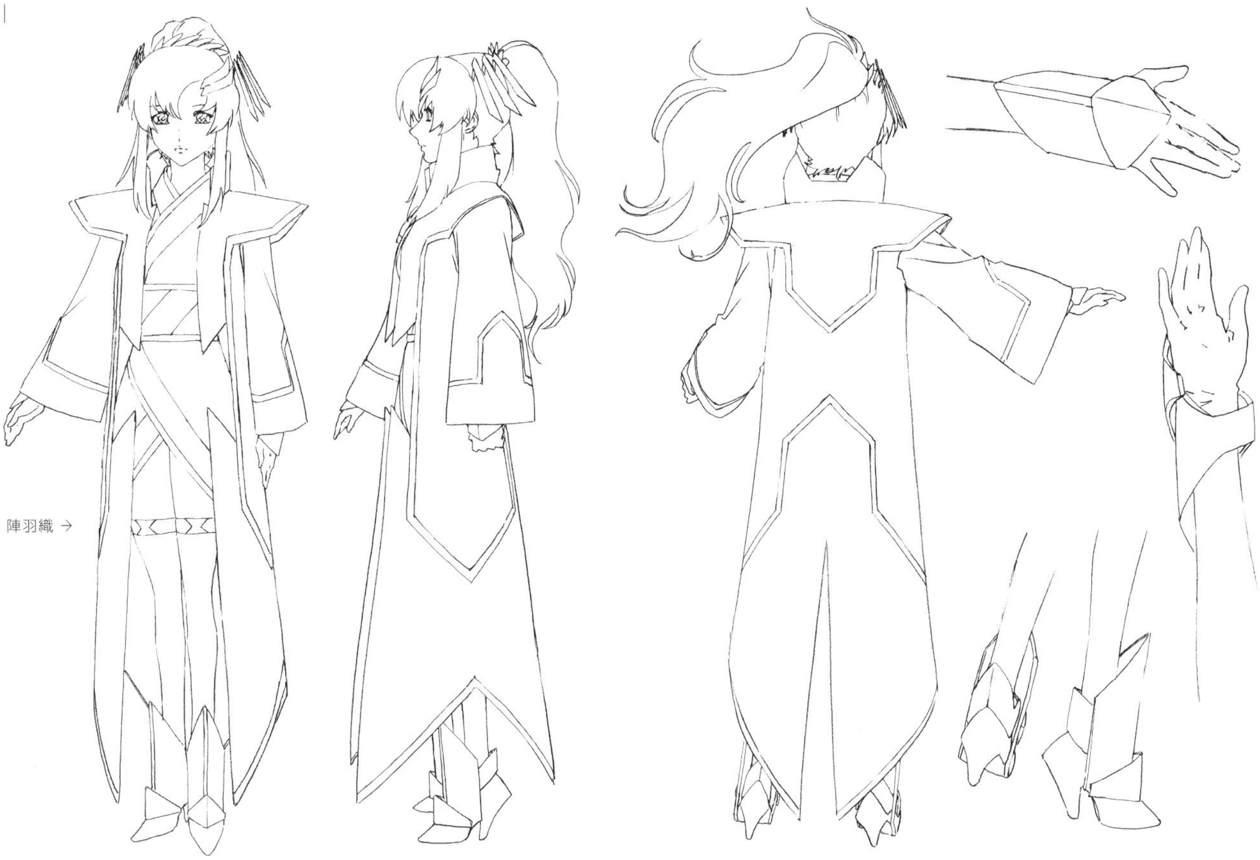

陣羽織 →

艦の指揮など、戦闘時に着用していた陣羽織。インナーは袖のないタイプで、腰の帯は背中でリボンのように巻かれている。

← 陣羽織(上着なし)

キラが運転するバイクに乗り、ピクニックに出かけたときのライダースーツ。ロングブーツをはじめ、乗馬服に似たスタイルとなっている。

← 部屋着

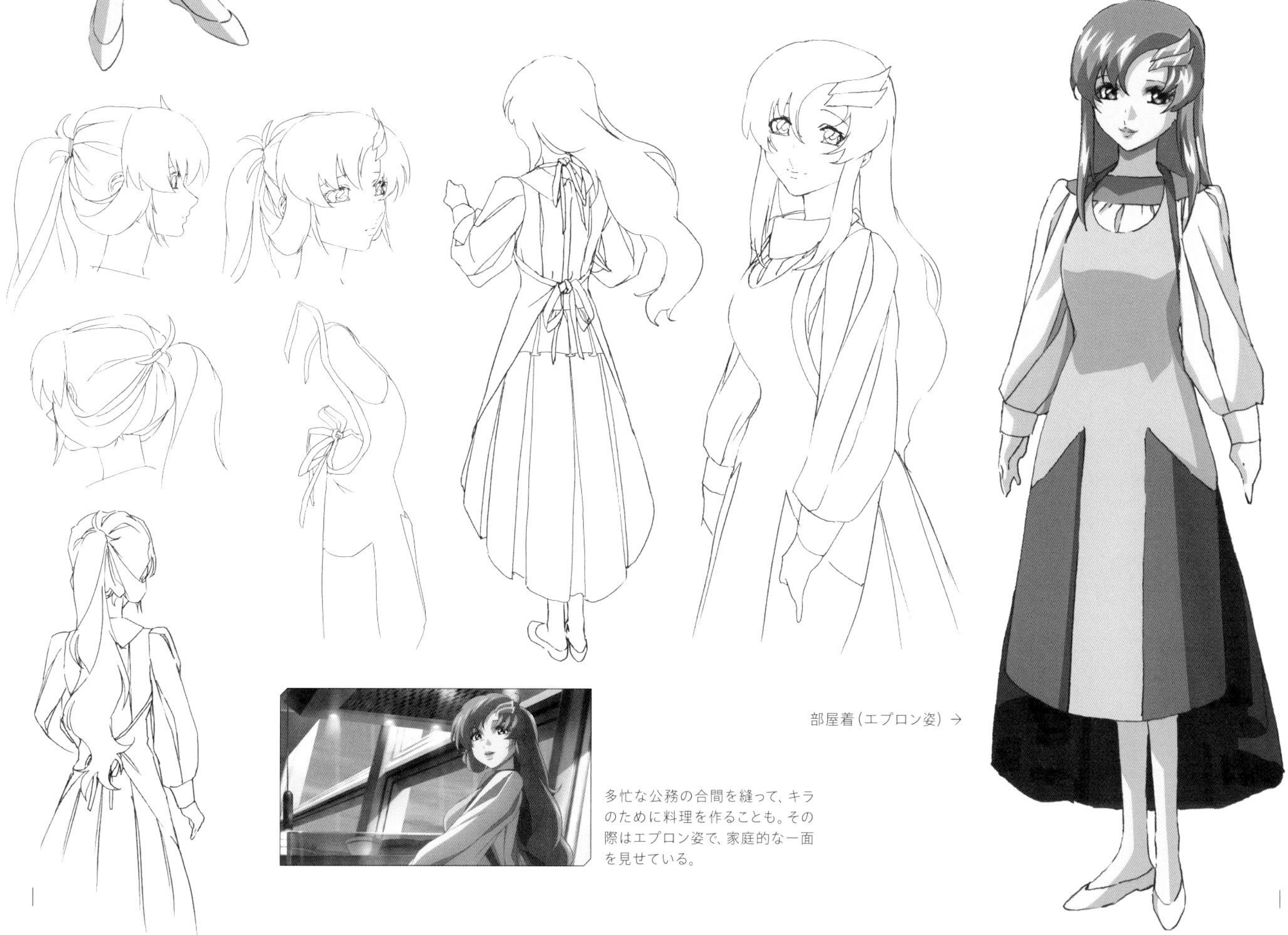

部屋着(エプロン姿) →

多忙な公務の合間を縫って、キラのために料理を作ることも。その際はエプロン姿で、家庭的な一面を見せている。

シン・アスカ

CV＝鈴村健一

コンパスに所属するモビルスーツパイロットで、階級は大尉。C.E.71、地球軍によるオーブ侵攻により家族を失った過去を持つ。ザフト入隊後、C.E.73～74の戦乱では、パイロットとしての優れた能力を評議会議長であるデュランダルに利用され、独立勢力のキラたちと敵対。だが、停戦後にキラとは和解し、彼を慕ってコンパスへ加入した。ファウンデーションとの共同作戦では、ヤマト隊の一員としてその才覚を発揮する。17歳。

STTS-808
イモータルジャスティスガンダム

ZGMF/A-42S2
デスティニーガンダムSpecⅡ

コンパスでは、キラ・ヤマトを隊長とするヤマト隊の一員となり、イモータルジャスティスを運用した。その後、デスティニーの改修機であるデスティニーSpecⅡに搭乗している。

前大戦の頃に比べると精神的に落ち着いたが、まだまだ直情的になる場面も多い。ルナマリアとの関係は現在も良好である。

← パイロットスーツ

↓ コンパス制服

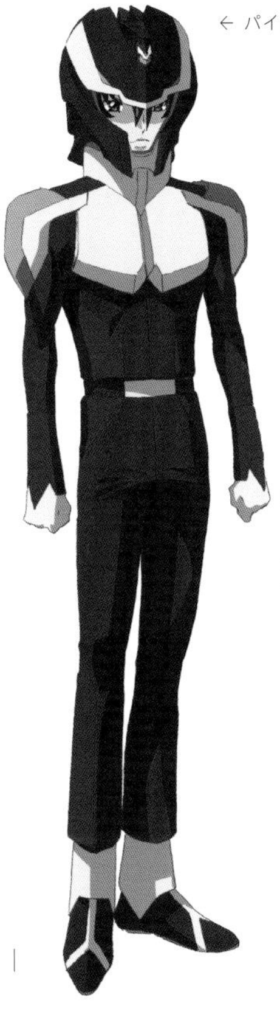

ルナマリア・ホーク

CV = 坂本真綾

コンパスに所属するモビルスーツパイロットで、階級は中尉。シン、アグネスとはザフト士官学校の同期であり、シンとともにミネルバに配属された。C.E.73～74の戦乱が終結したあとは、キラやラクスが目指す未来に共感し、シンと同じくコンパスへ加入。強気な性格だが、周りを気遣う一面もある。シンとは前大戦時に恋仲となり、現在もその関係は継続中。だが、関係をリードするのはもっぱらルナマリアのようだ。18歳。

ZGMF-2025/F
ゲルググメナース（ルナマリア機）

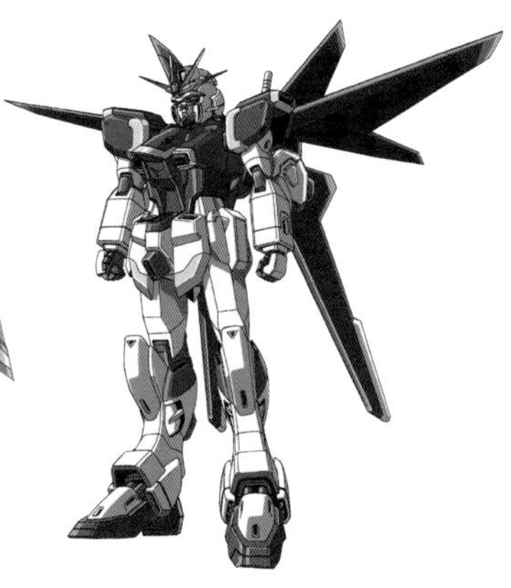

ZGMF-56E2/α
フォースインパルスガンダムSpecⅡ

遠距離射撃を任されることが多いルナマリアには、専用のカラーリングが施されたザフト製モビルスーツ、ゲルググメナースが与えられた。のちにインパルスの改修機にも搭乗している。

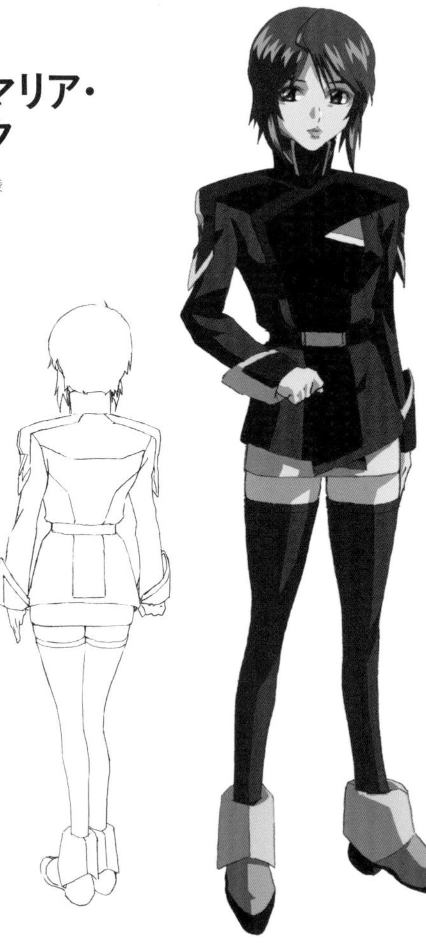

シンに比べると大人びた性格。アグネスとは古くからの知り合いだが、彼女の強すぎる上昇志向に対しては距離を置いている。

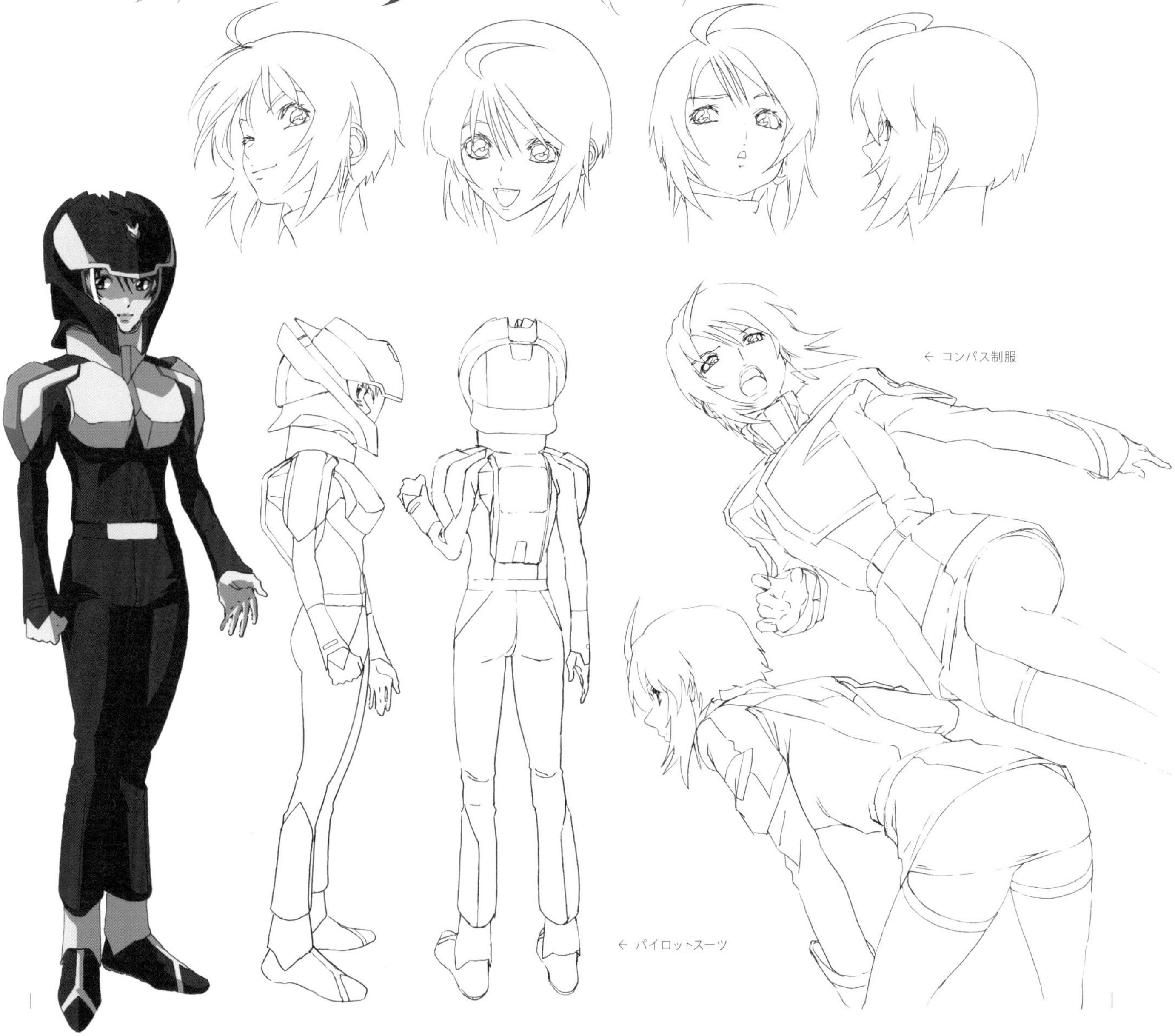

アグネス・ギーベンラート

CV＝桑島法子

コンパスに所属するモビルスーツパイロットで、階級は中尉。シン、ルナマリアと同期であり、ザフト時代には軍の広報的な役割を務め、「月光のワルキューレ」の異名をとる。自己評価が高く、容姿や戦闘技術に絶対の自信を持っている。前大戦の終結後、彼女がトップエリート集団と考えるコンパスに加入し、最高のパートナーを欲してキラに近づくも失敗。この挫折が、組織を超えた行動に彼女を駆り立てた。18歳。

ZGMF-2027/A
ギャンシュトローム（アグネス機）

左＝大気圏用パック装備 ／ 右＝宇宙用パック装備

ザフト製モビルスーツ。装備するパックを換装すれば、大気圏と宇宙どちらでも運用できる。アグネス機は目元にピンクがあしらわれているのが特徴。

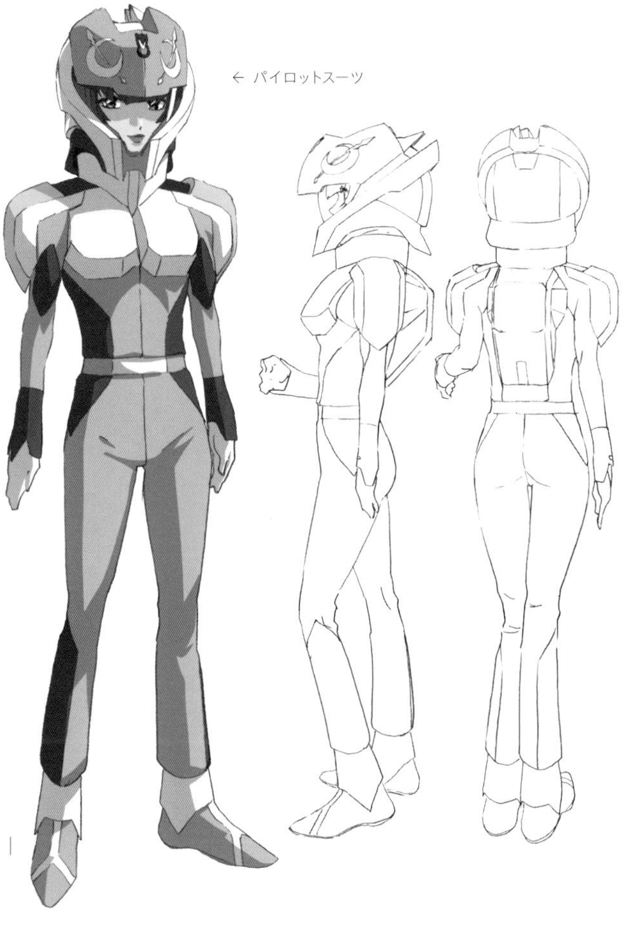

← パイロットスーツ

ツインテールのアグネス。ルナマリア以上に勝ち気な性格で、その強い上昇志向がファウンデーションへの接近を生む。

コンパス制服 ↓→

階級はヒルダが少佐で、マーズとヘルベルトは大尉。クライン派の中心メンバーとして、現在もコンパス総裁となったラクスを支えている。

↑ ヘルベルト・フォン・ラインハルト

↑ ヒルダ・ハーケン

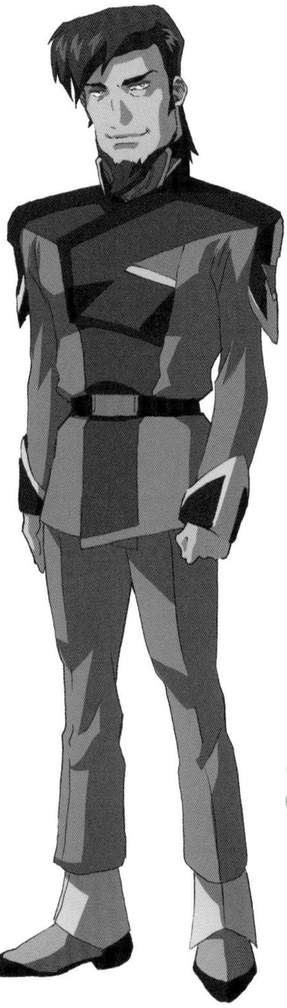

↑ マーズ・シメオン

ヒルダ・ハーケン

CV＝根谷美智子

マーズ・シメオン

CV＝諏訪部順一

ヘルベルト・フォン・ラインハルト

CV＝楠 大典

ミレニアムに所属するモビルスーツ小隊、ハーケン隊のメンバー。リーダーはヒルダで、前大戦ではクライン派として独立勢力に参加、その後、コンパスに加入した。ファウンデーション王国との共同作戦にも参加したが、コンパスを陥れようとしていたファウンデーションの策略に嵌り、マーズとヘルベルトは戦死。なんとか生還したヒルダは、その後も部隊に残り、ふたりの想いを背負って戦い続けている。年齢はヒルダが23歳、マーズが27歳、ヘルベルトが28歳。

ZGMF-2027/A
ギャンシュトローム（ヒルダ機）
大気圏用パック装備

ZGMF-2025/F
ゲルググメナース（一般機）

ザフト製の汎用モビルスーツ。ヒルダは当初、量産カラーのギャンシュトロームを運用していたが、のちにゲルググメナースに搭乗した。

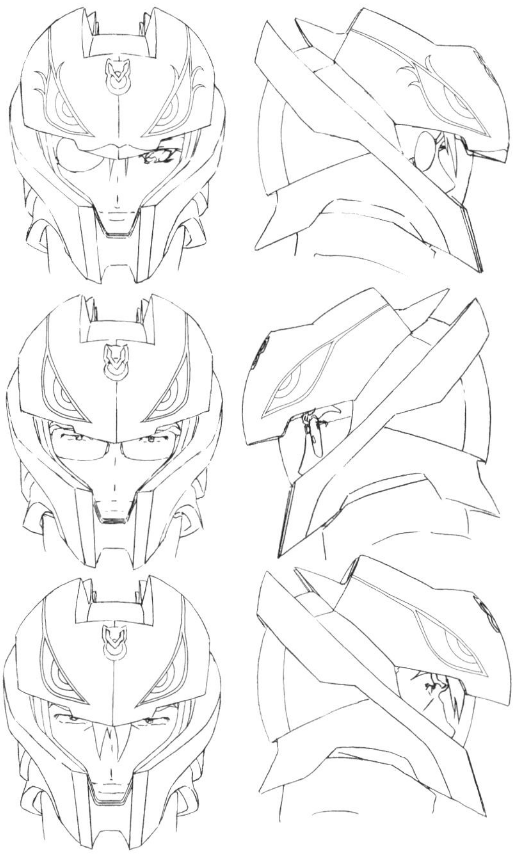

↑ パイロットスーツ

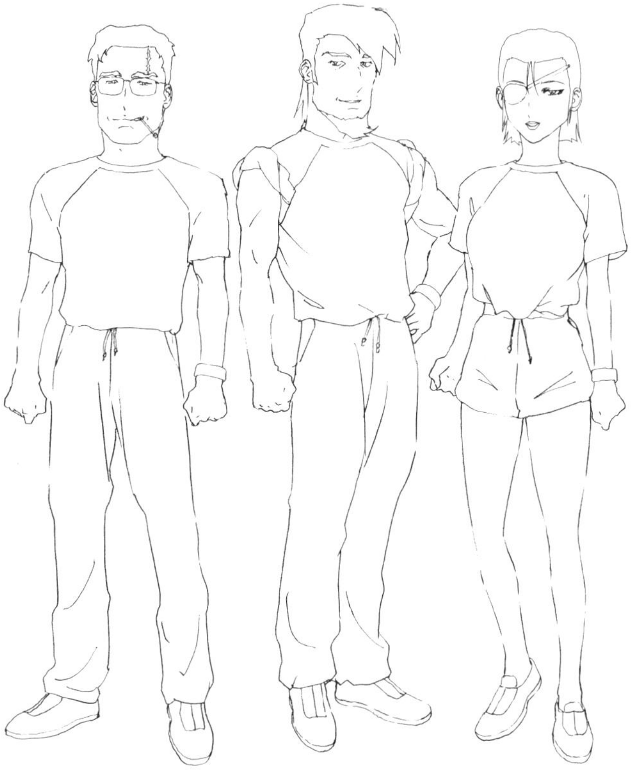

↑ トレーニングウエア

↑ コンパス制服

マリュー・ラミアス

CV＝三石琴乃

コンパスの大佐で、アークエンジェルの艦長。C.E.71の戦乱の最中、キラへの対応をはじめとする軍上層部の判断に疑問を抱き、地球連合軍を離脱。以降、独立勢力の一員として活動し、ザフト、地球連合軍の戦闘に介入を続けた。前大戦後、盟友であるキラたちを支えるためにコンパスに加入。ナチュラルでありながら、幾多の戦場を乗り越えてきた経験と度胸は、他のメンバーから高く評価されている。29歳。

アークエンジェルの艦長として、ファウンデーションとの共同作戦にも参加。この戦いで艦は轟沈するも、ミレニアムでも指揮を担当した。

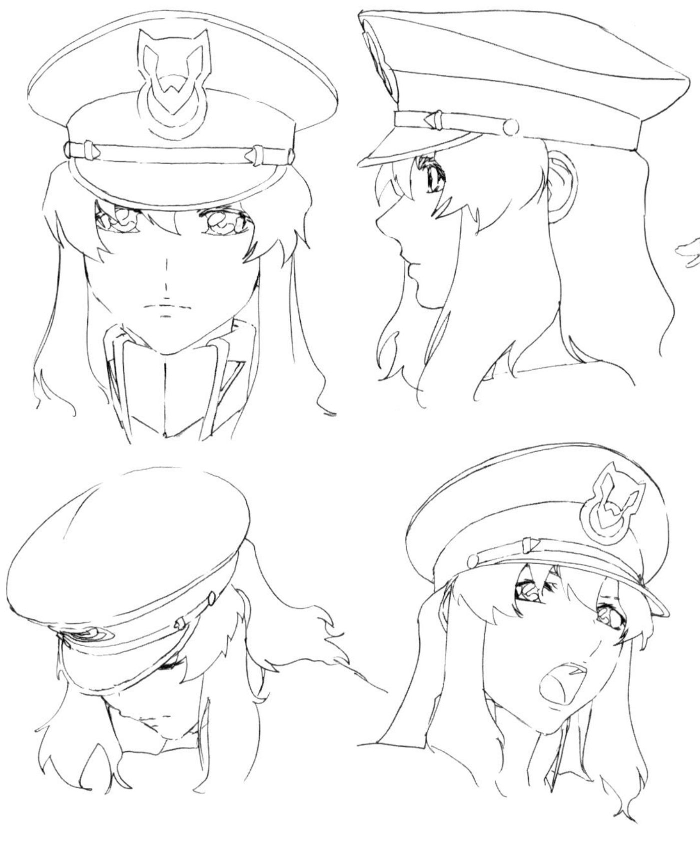

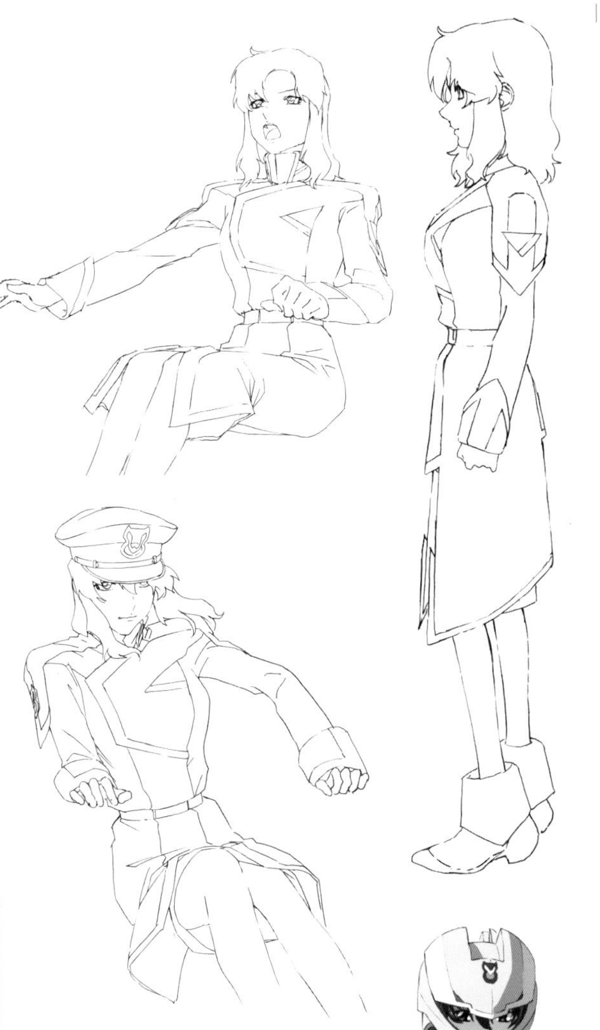

↑↓ コンパス制服

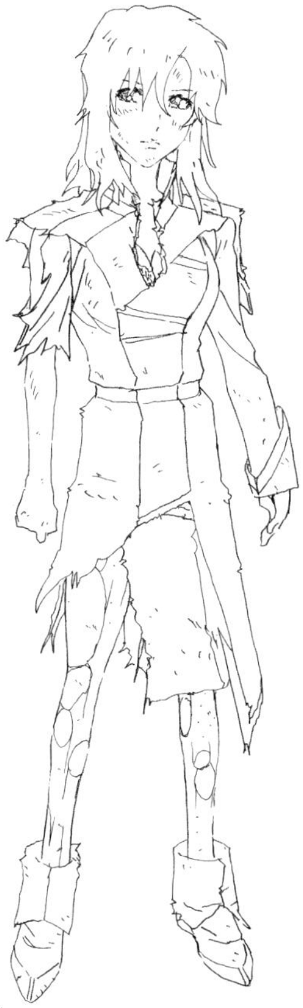

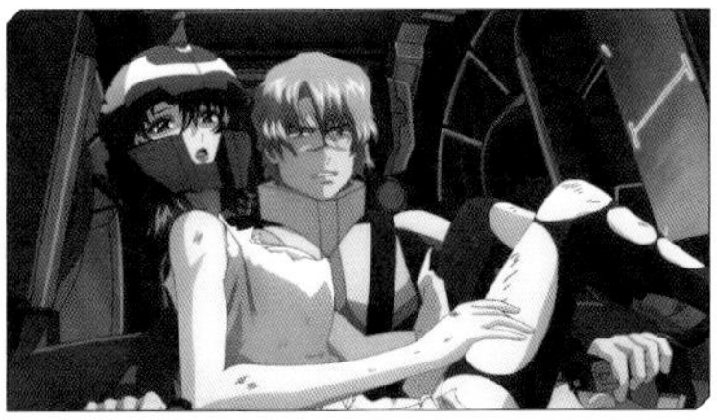

ムウとの関係は変わらず、アークエンジェル轟沈後には彼に救出された。

パイロットスーツ ↓→

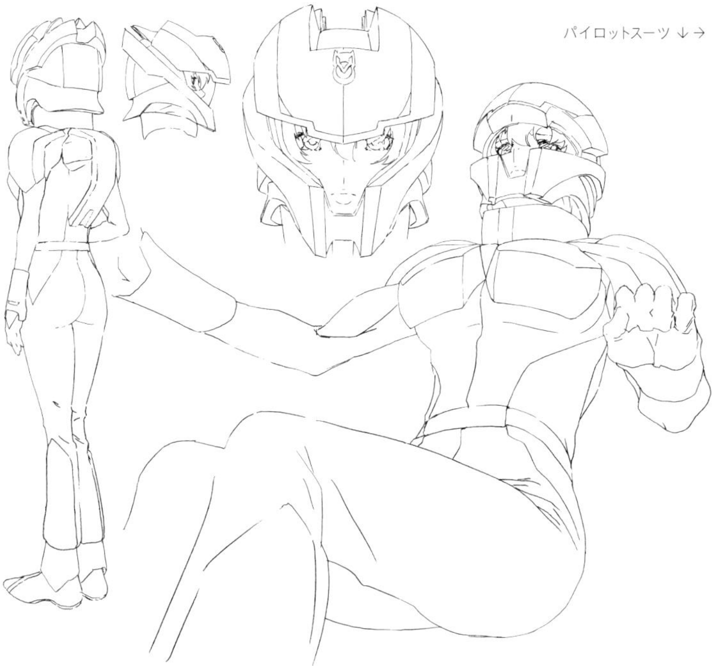

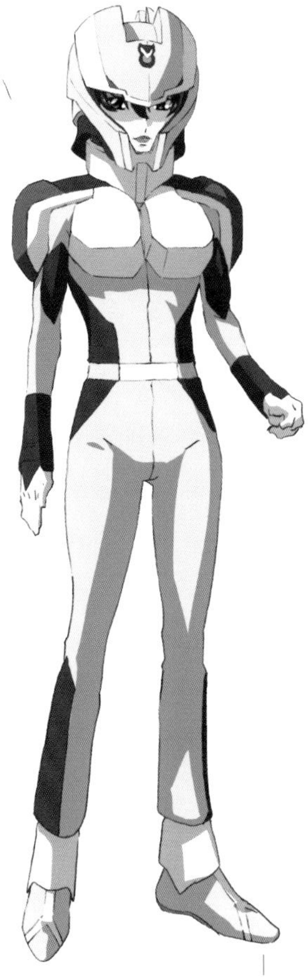

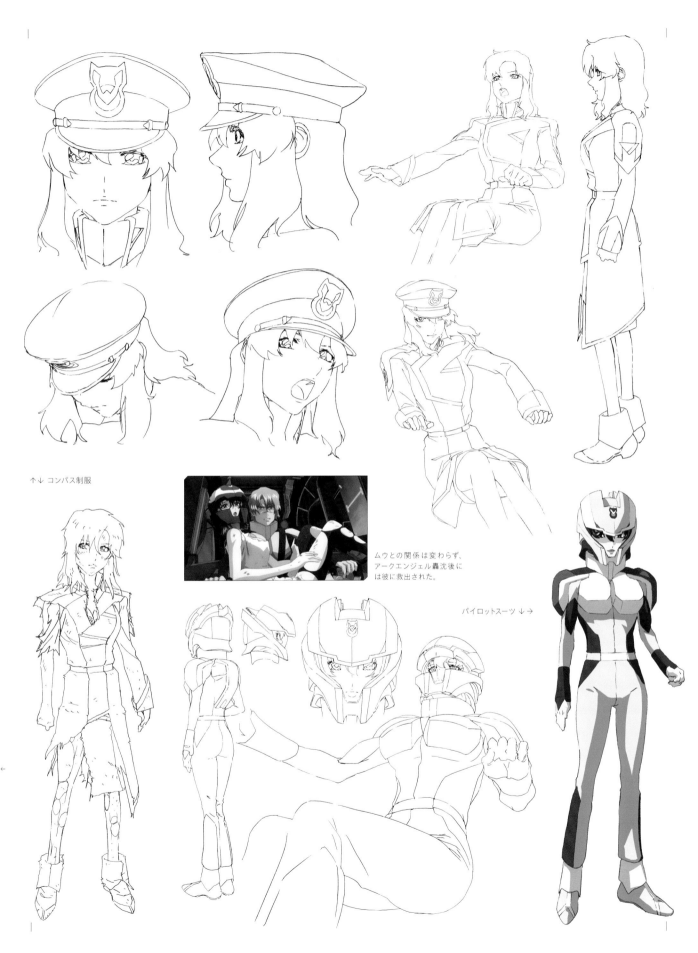

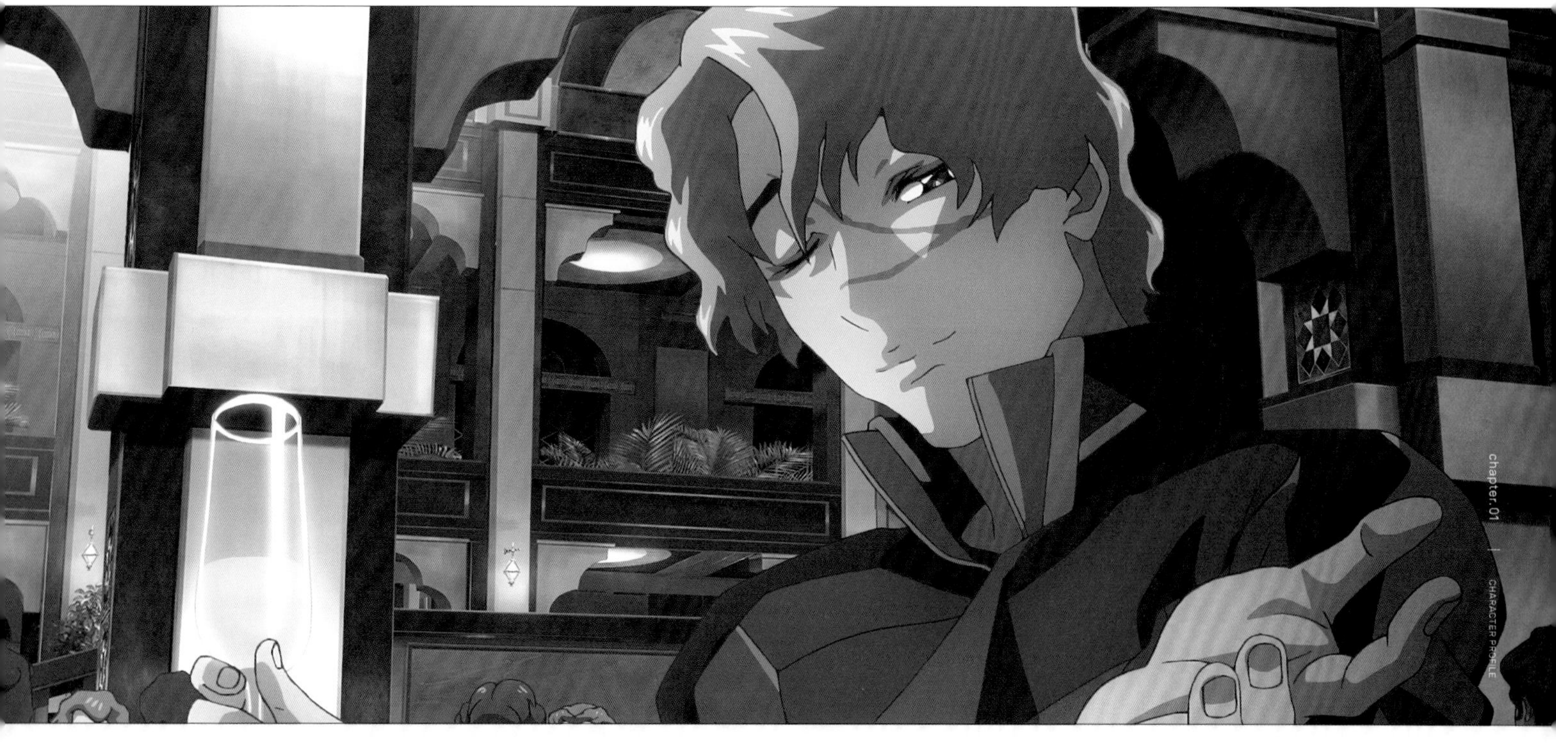

ムウ・ラ・フラガ

CV = 子安武人

コンパスに所属するモビルスーツパイロットで、階級は大佐。かつては地球連合軍に所属し、「エンデュミオンの鷹」と呼ばれていた。C.E.71の大戦で一時行方不明、記憶喪失になったものの、C.E.73～74の戦いの最中、記憶が回復。以降はマリューのパートナーとして行動をともにしている。窮地にも動じず数々の奇跡を起こしてきた「不可能を可能にする男」であり、ファウンデーション王国との戦いでもその実力を発揮した。31歳。

STTS/F-400
ムラサメ改（ムウ機）

ORB-01
アカツキ

オーブ製の最新鋭可変モビルスーツであるムラサメ改に搭乗。のちにカガリ専用機として開発されたアカツキを、前大戦と同じく運用することになった。

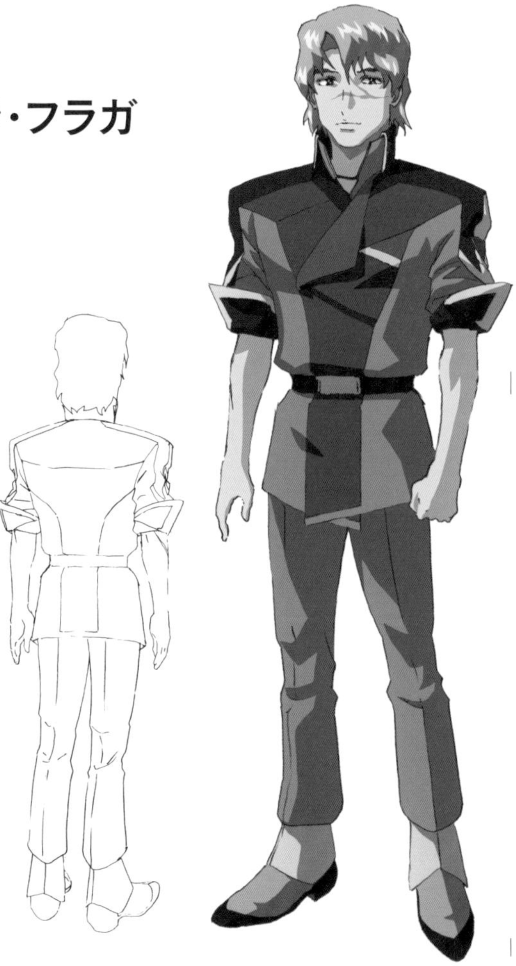

↑ コンパス制服

↓ パイロットスーツ

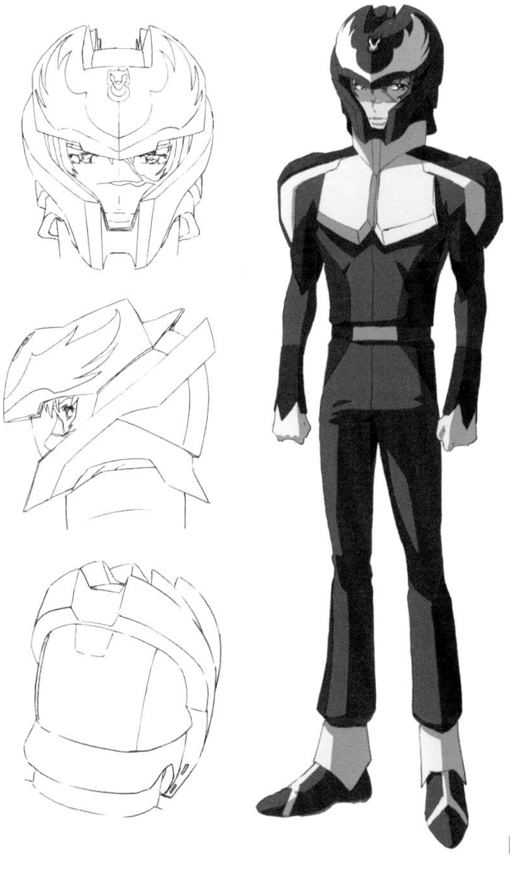

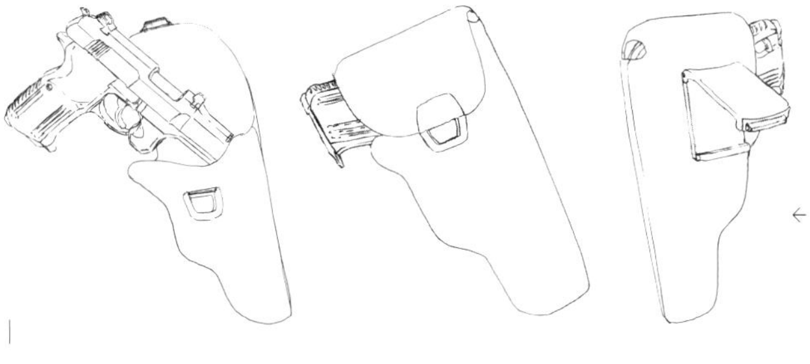

← ホルスター

アーノルド・ノイマン

CV = 千葉一伸

コンパスに所属する兵士で、階級は大尉。アークエンジェルの操舵手として過去二度の大戦を戦い抜いた。C.E.75現在も、艦長マリューの頼れる右腕としてその舵を握っている。28歳。

↑ コンパス制服

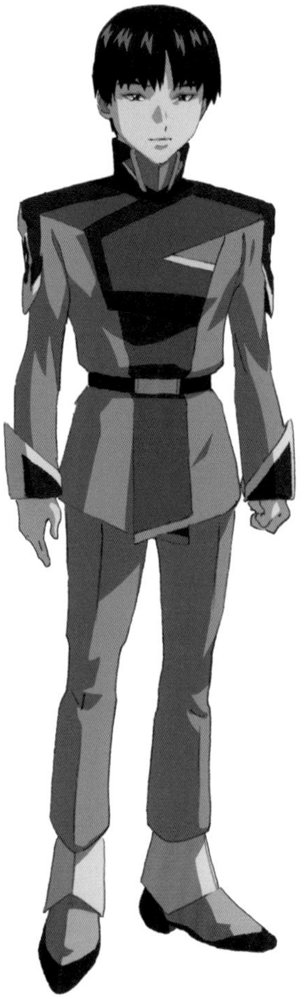

ダリダ・ローラハ・チャンドラⅡ世

CV = 鳥海勝美

コンパスに所属する兵士で、アークエンジェルのオペレーターを務める。階級は中尉。ノイマンと同じく、地球連合軍時代からブリッジクルーとして在籍している。サングラスがトレードマーク。28歳。

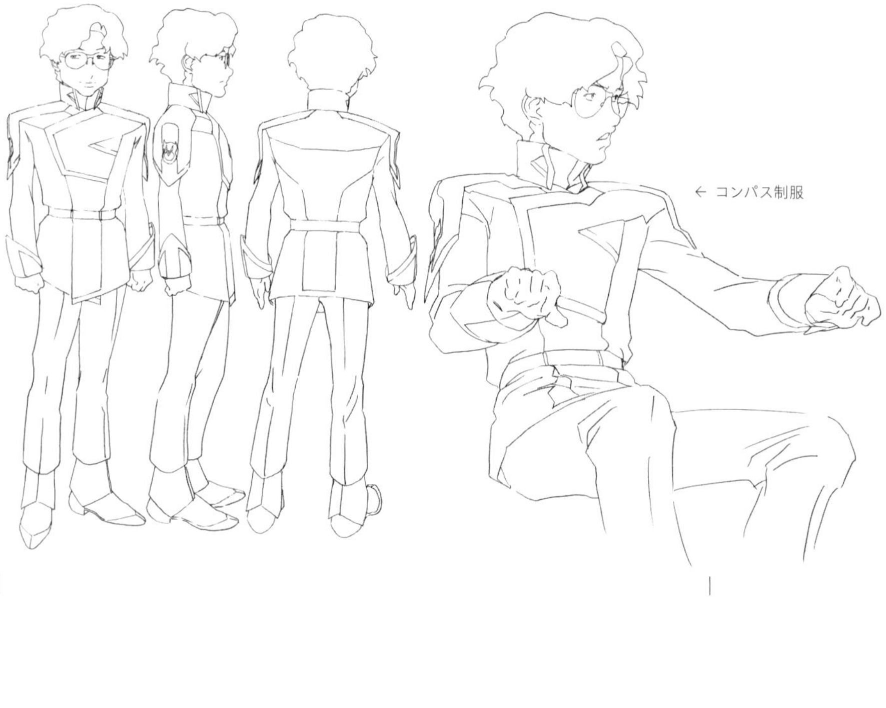

← コンパス制服

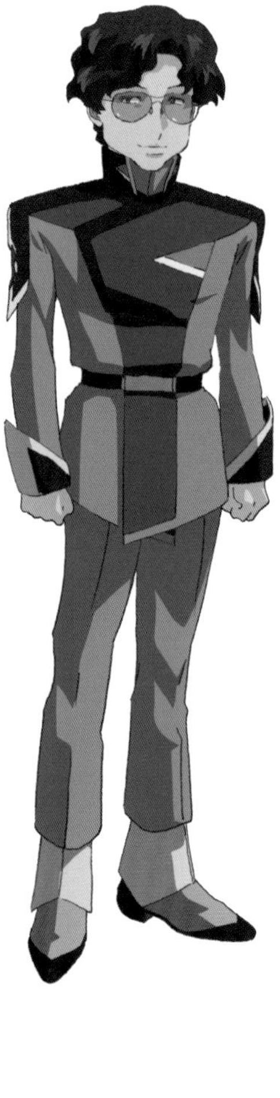

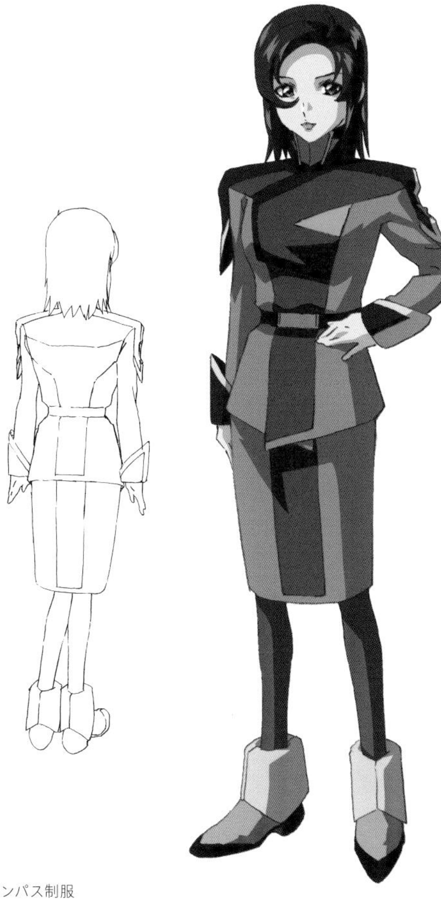

ヒメコ・ユリー

CV = 白石晴香

コンパスに所属する兵士で、階級は軍曹。アークエンジェルのブリッジクルーを務めており、担当は通信情報。ユーラシアの軍事緩衝地帯への戦闘にも参加した。年齢は24歳。

↓ コンパス制服

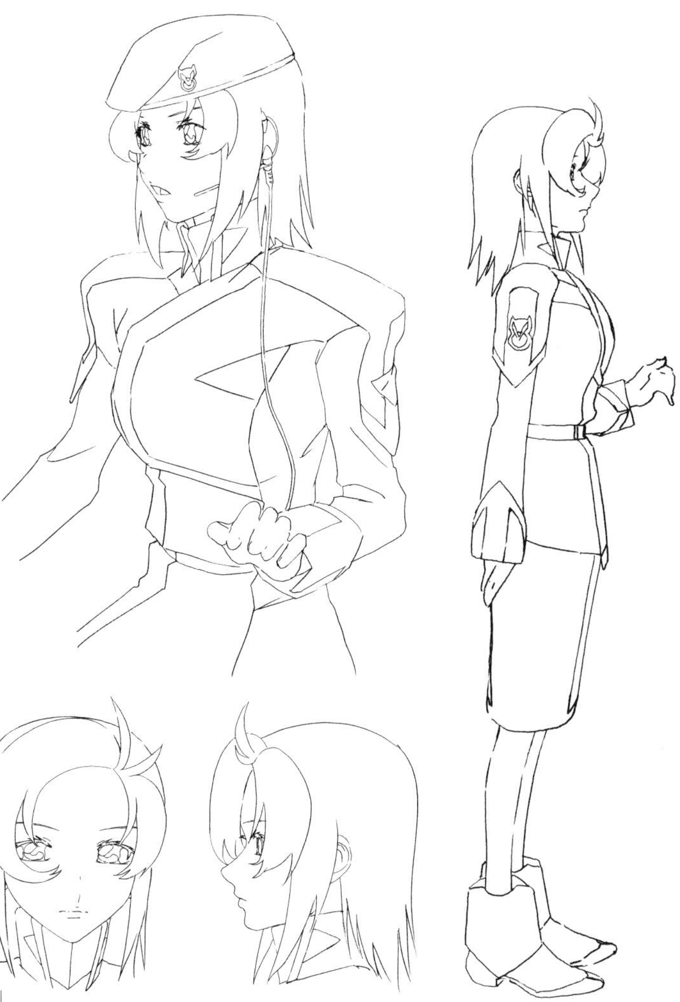

ユウ・キリシマ

CV = 大野智敬

コンパスに所属する兵士で、階級はヒメコと同じく軍曹。アークエンジェルでは副操縦士として、メイン操縦士であるノイマンをサポートしている。年齢は25歳。

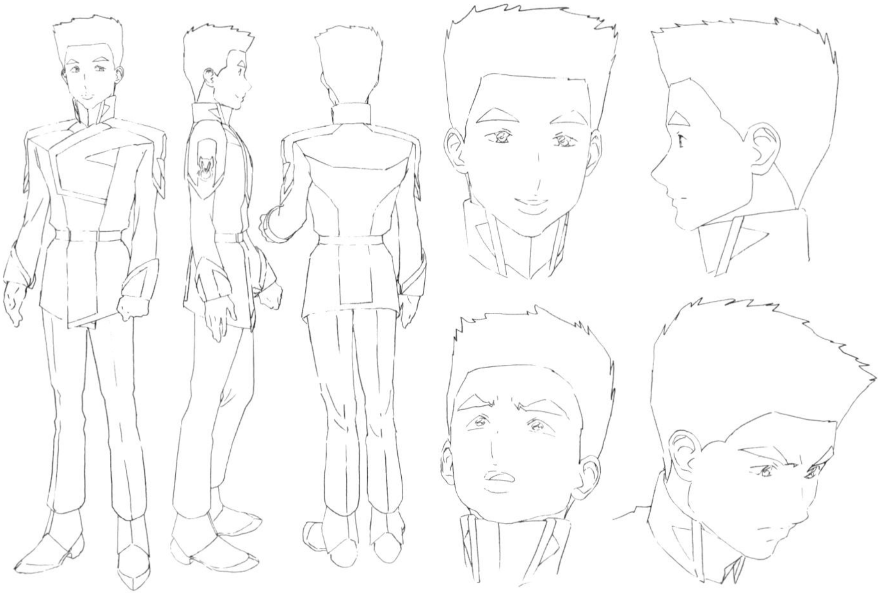

↑ コンパス制服

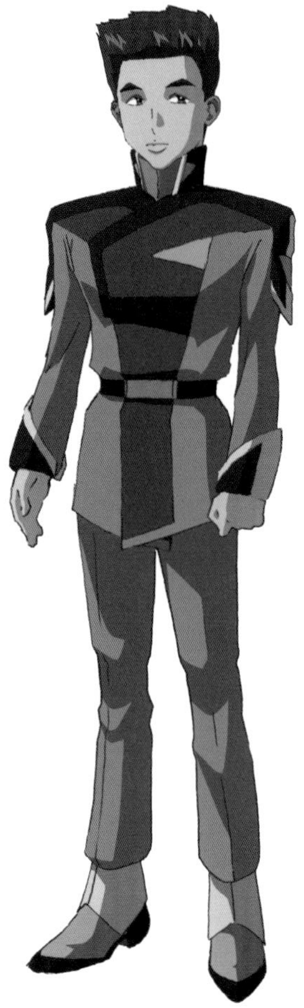

コジロー・マードック

CV = 田中美央

C.E.71の初出航時からアークエンジェルに参加しているベテラン整備士。年齢は34歳。マリューたちとともにコンパスに加入し、現在もモビルスーツのメンテナンスを担当している。

← 作業服

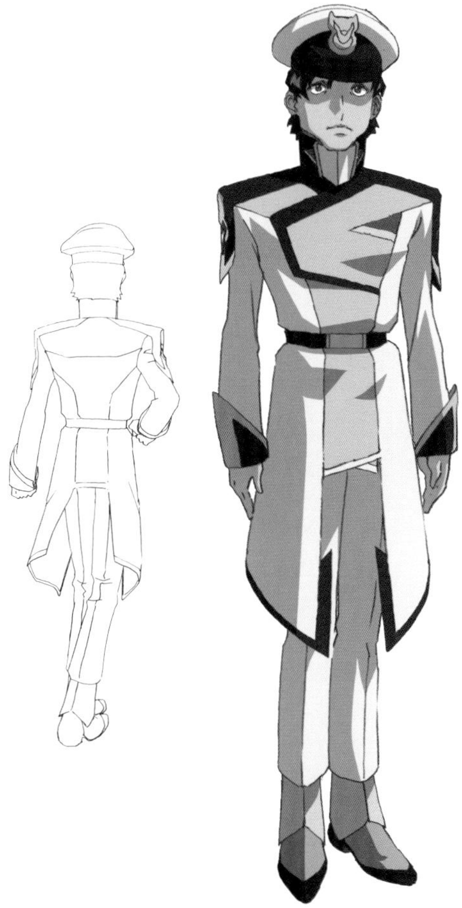

アレクセイ・コノエ

CV = 大塚芳忠

コンパスに所属する兵士で、階級は大佐。組織が運用する新鋭艦ミレニアムの艦長を務める。コンパスには自ら志願した。ファウンデーションとの共同作戦に参加し、彼らの裏切りにいち早く気づいた。

飄々とした人柄であるが、戦況を読む力に優れ、的確な指揮を執る。42歳。

↓ コンパス制服

アルバート・ハインライン

CV = 福山 潤

コンパスに所属する兵士で、技術大尉を務める。年齢は30歳。新鋭艦ミレニアムの技術全般を司る責任者で、高い技術スキルを持つ。プラウドディフェンダーの設計も彼が中心となって行った。

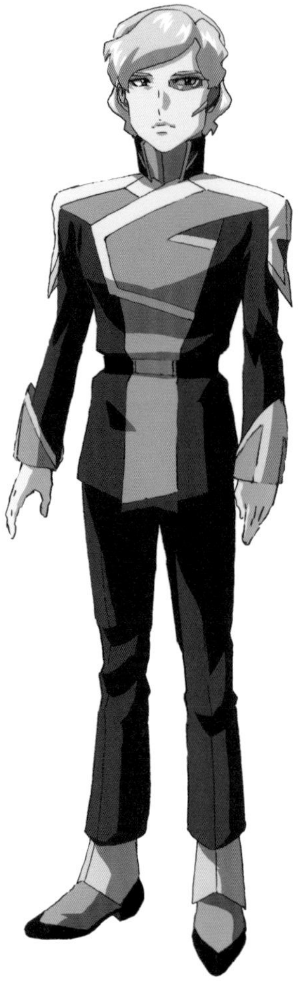

優秀な技術者だが、事が思い通りに進まないと苛立ちを隠せず、早口になる。

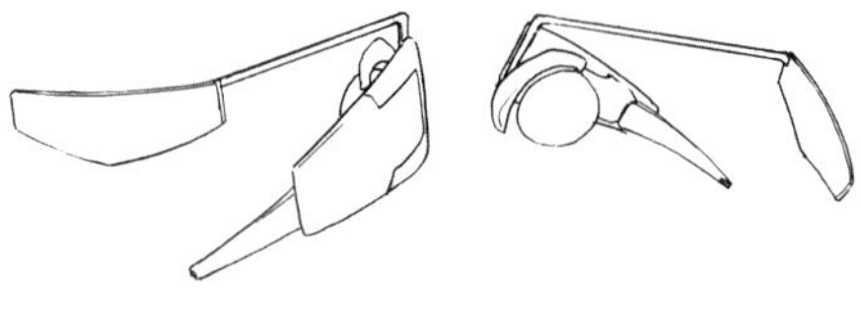

アーサー・トライン

CV = 高橋広樹

コンパスの所有艦ミレニアムの副長を務める兵士で、階級は少佐。かつてザフトのミネルバで副艦長を務めた経験を持つ。明るいキャラクターだが、頼りない部分もある。年齢は28歳。

↓ コンパス制服

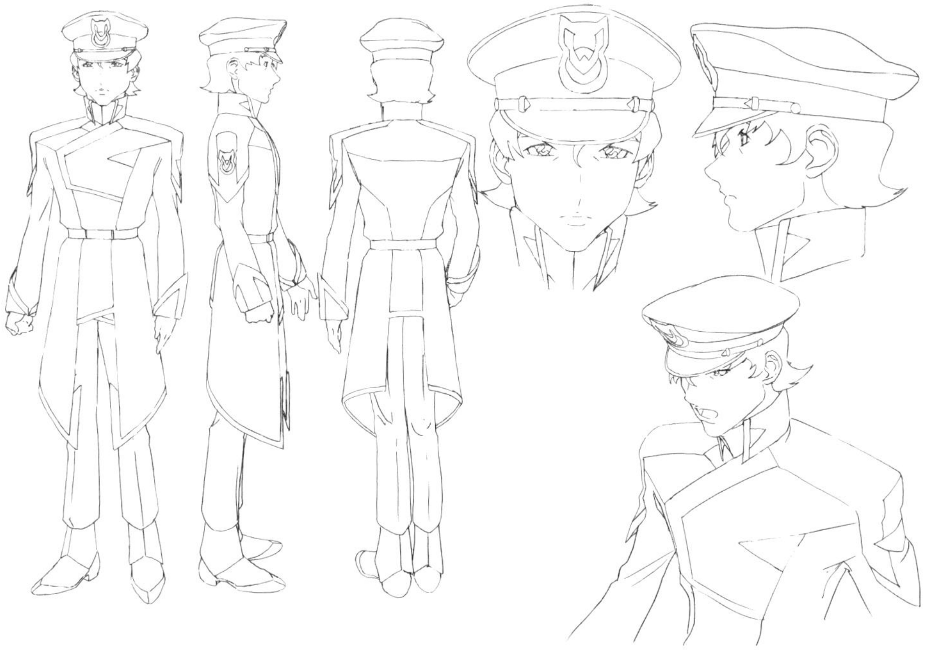

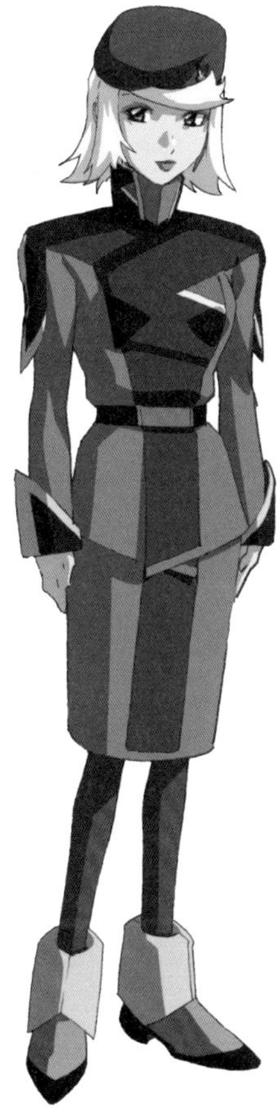

アビー・ウインザー

CV = 戸松 遥

コンパスに所属する兵士で、階級は中尉。ミレニアムのモビルスーツ管制を担当し、発進や着艦を指示する。かつてはメイリン・ホークの後継者としてミネルバのオペレーターを務めていた。22歳。

↓ コンパス制服

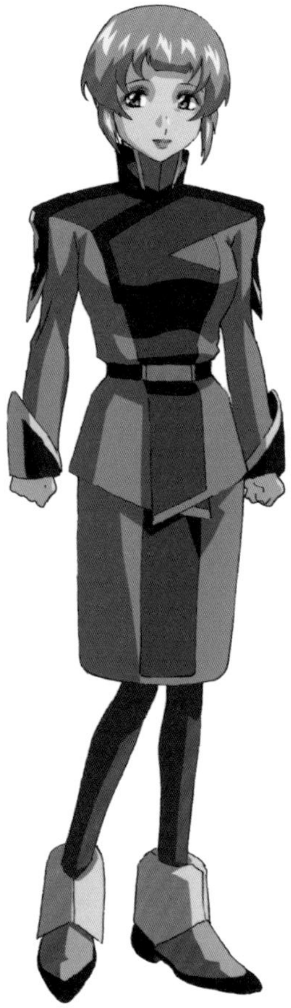

ジェミー・トンプソン

CV＝漆山ゆうき

コンパスに所属する兵士で、階級は少尉。コノエ、マリューが艦長を務めた新鋭艦ミレニアムのブリッジクルーで、探査を担当している。年齢は21歳。

↓ コンパス制服

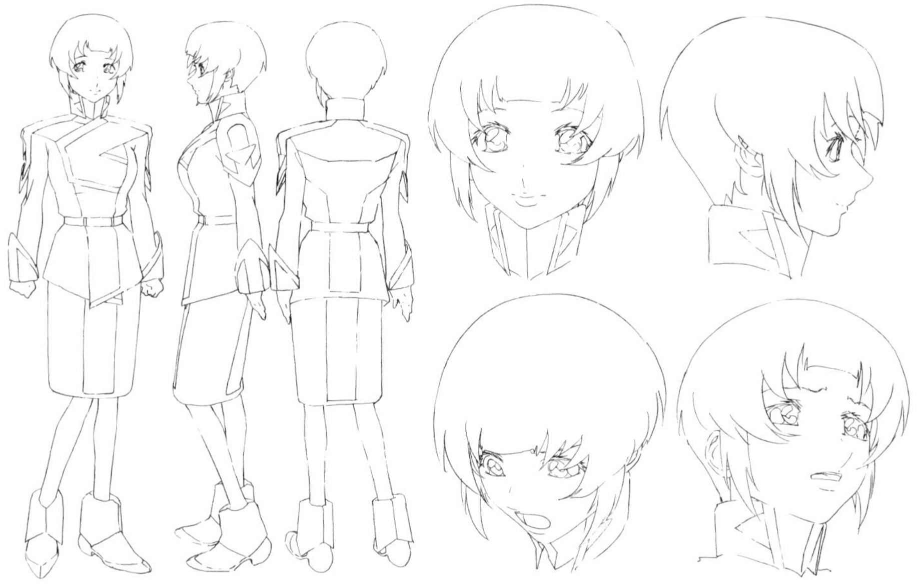

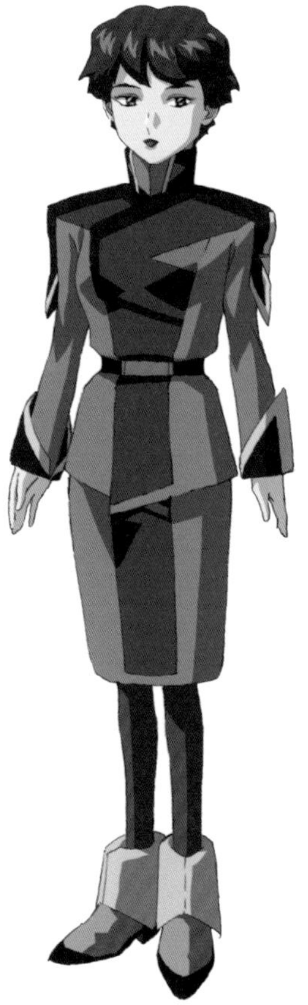

オリビア・ラスカル

CV＝高橋ミナミ

コンパスに参加した女性兵士で、階級はジェミーと同じく少尉。新鋭艦ミレニアムのブリッジクルーを務めており、航法担当として艦を支えている。年齢は23歳。

↓ コンパス制服

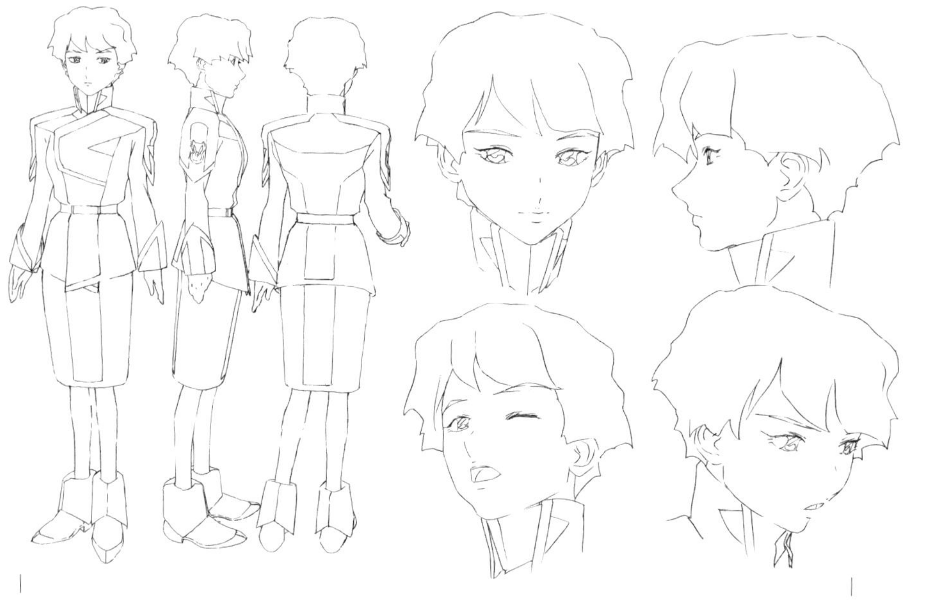

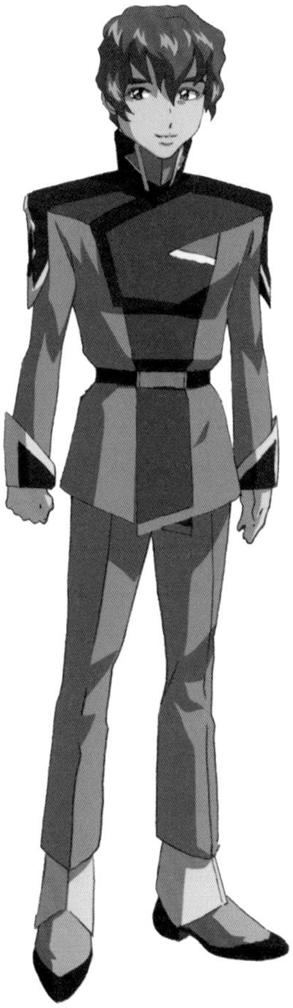

マーカス・マグダネル

ミレニアムのブリッジクルーを務める、コンパス所属の兵士。艦の操舵手を務めており、ファウンデーションとの共同作戦にアークエンジェルとともに参加した。階級は中尉で、年齢は26歳。

↓ コンパス制服

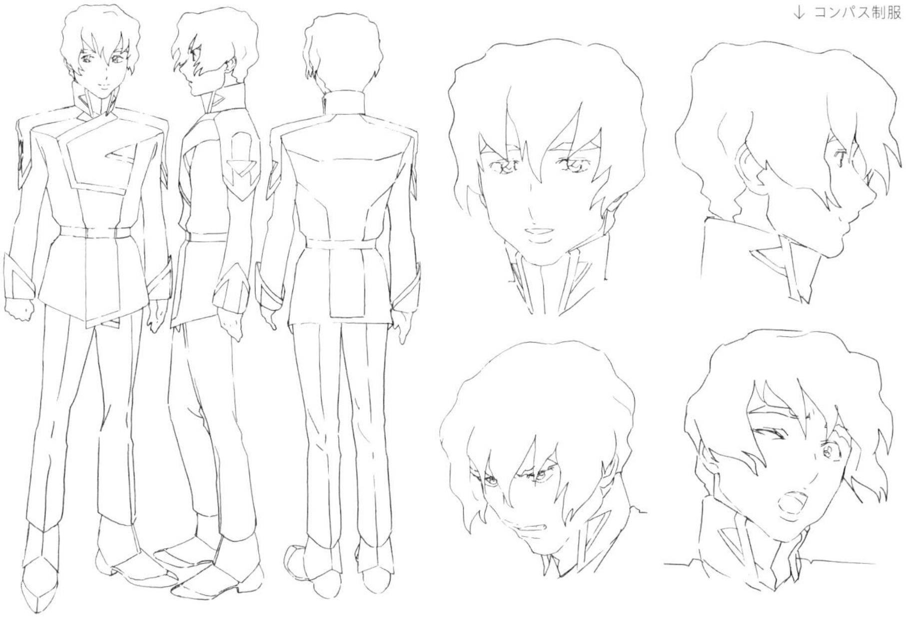

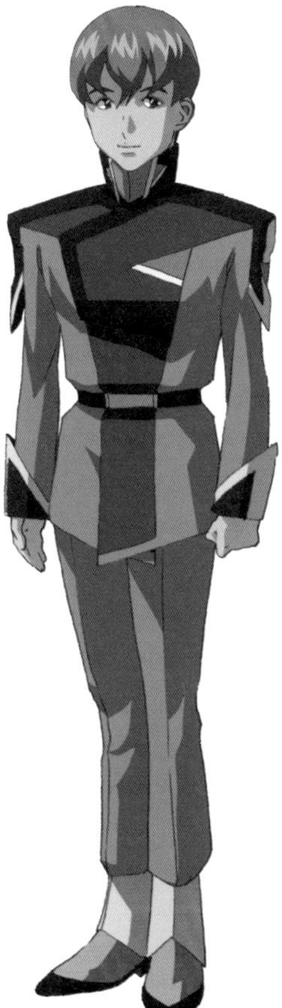

ヒカル・ハヤテ

コンパスに所属する兵士で、階級は中尉。コノエが艦長を務めるミレニアムのブリッジクルーを務める。担当は主砲やミサイルでの攻撃を担う砲手であり、艦の戦闘に尽力した。年齢は23歳。

↓ コンパス制服

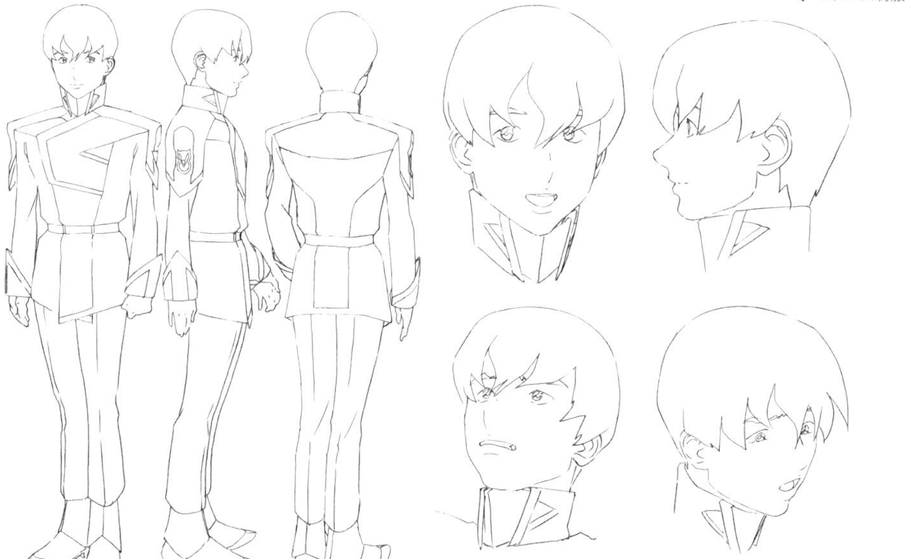

ジム・ライアー

コンパスに所属する兵士で、階級は軍曹。コンパスの主力艦ミレニアムのブリッジクルーであり、戦況分析や索敵など、戦術情報全般を担当している。年齢は25歳。

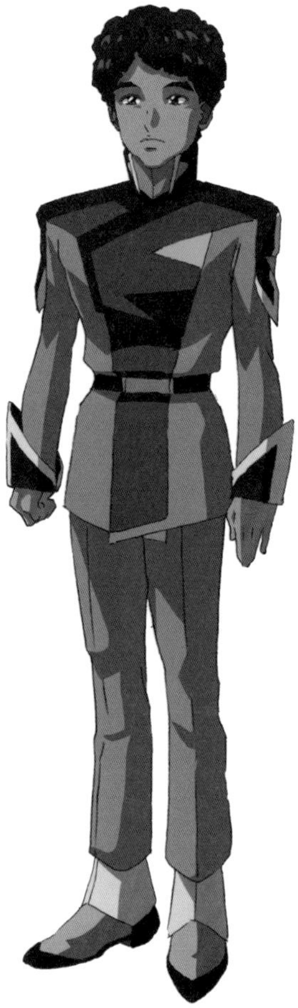

↓ コンパス制服

ドロシー・ブリストル

コンパスに所属する女性兵士で、階級はジムと同じく軍曹。配属されたミレニアムでは、敵拠点や目的地までの航路を分析する航法情報を担当している。年齢は22歳。

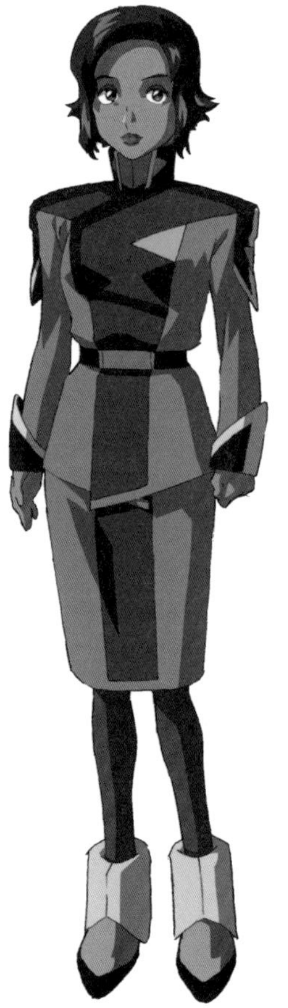

↓ コンパス制服

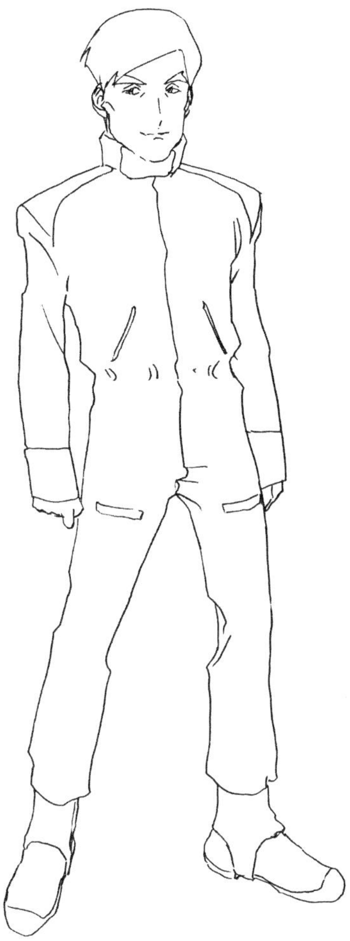

マッド・エイブス

コンパスに参加している整備士で、現在はミレニアムに配属されている。ザフト時代はミネルバに配属されており、技術スタッフをまとめるリーダーとして活躍していた。年齢は38歳。

↓ 作業服

ヴィーノ・デュプレ

コンパスに参加している整備士のひとりで、エイブスとともにミレニアムに配属。ザフト時代もエイブスの部下としてモビルスーツの整備を行っていた。シンとは友人関係にある。年齢は17歳。

↓ コンパス制服

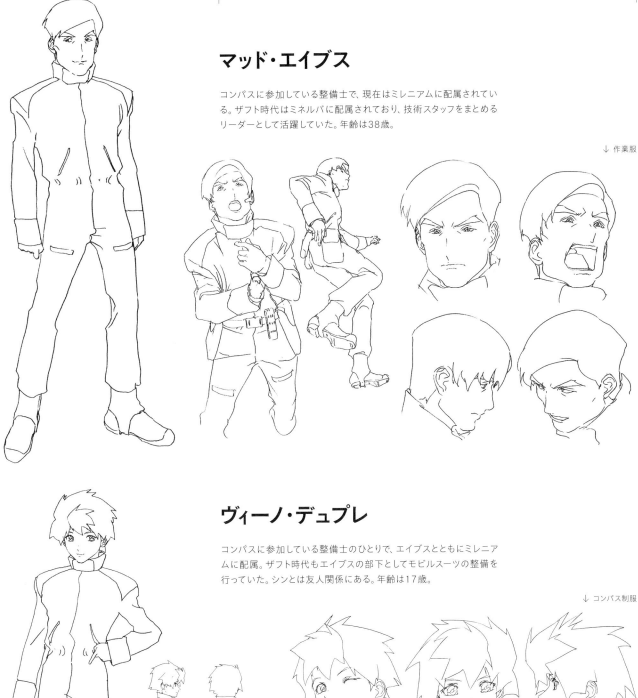

リオ・マオ

CV = 鎌倉有那

コンパスのメンバーで、外交などで世界中を飛び回るラクスの秘書官を務めている。ラクスに付き添い、多岐にわたるサポートを行っているようだ。年齢は23歳。

↓ 普段着

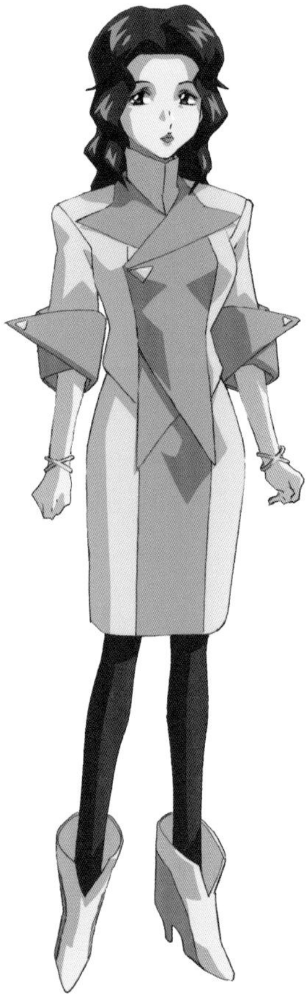

02

CHARACTER PROFILE

ORB UNITED EMIRATES / TERMINAL / P.L.A.N.T.

キャラクター紹介

オーブ連合首長国／ターミナル／プラント

アスラン・ザラ

CV = 石田 彰

元ザフトの「赤服(士官学校の成績上位者)」で、C.E.71の戦乱を拡大させたプラント最高評議会議長パトリック・ザラの息子。幼なじみのキラや元婚約者のラクスらによる独立勢力に参加し、二度の大戦を終結に導いた。現在はオーブ軍に所属しているが(階級は一佐)、国家間の情報伝達などを行う組織ターミナルに出向し、諜報活動を続けている。新興国家ファウンデーション王国に対して疑念を抱いており、彼らがコンパスと行ったブルーコスモス本拠地への共同作戦でも、キラが窮地に陥ると援護に駆けつけた。その後はコンパスとの連携を強め、対ファウンデーション戦における大きな戦力として活躍している。19歳。

ZGMF-MM07
ズゴック

ZGMF-X191M2
インフィニットジャスティスガンダム弐式

新設計のウイングを取り付けたインフィニットジャスティス弐式は、全天周モニターとVPS装甲を採用。また、外装ユニットを追加し、ズゴックの姿でも運用された。

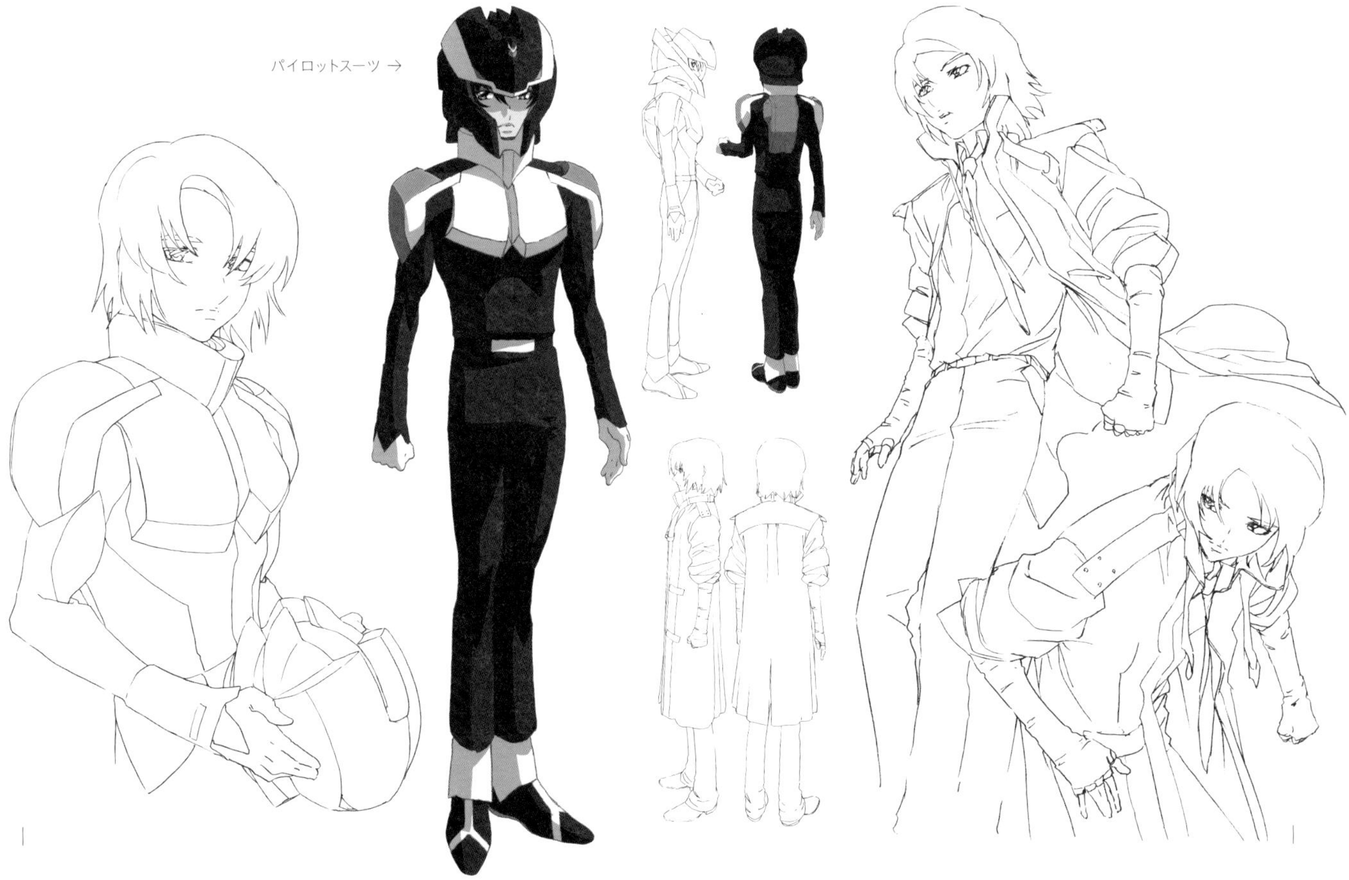
パイロットスーツ →

カガリ・ユラ・アスハ

CV＝森なな子

オーブ連合首長国の代表首長。キラ・ヤマトと双子だが、彼女はナチュラルである。二度の大戦時には、オーブの理念である「中立」の精神をもってザフトと地球連合軍に対峙した。その後はラクス、キラの協力も取り付け、世界平和監視機構コンパスの創設を主導。さらにアスラン、メイリンが参加する諜報機関ターミナルとも連携し、ファウンデーション王国の横暴を制止しようとした。19歳。

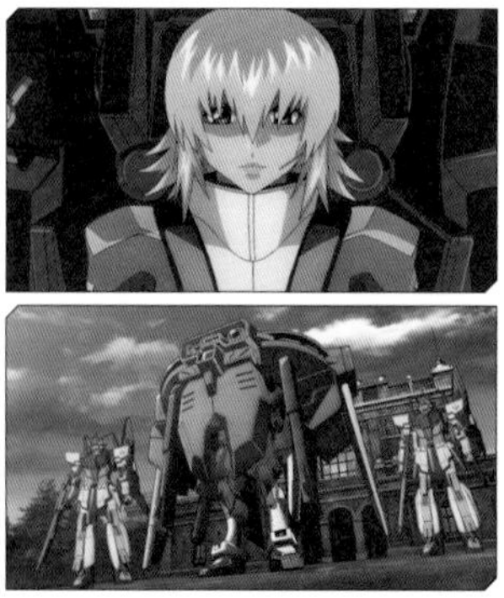

キャバリアーアイフリッド-2を装備したアメイジングストライクルージュに搭乗。オーブ本国でカガリが指揮を執る際の司令所として機能した。

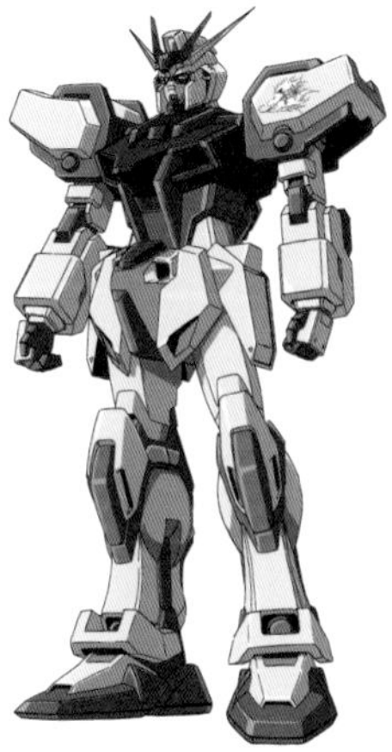

MBF-02
ストライクルージュ

← 代表服
パイロットスーツ →

メイリン・ホーク

CV = 折笠富美子

元ザフト兵で、コンパスのモビルスーツパイロットであるルナマリア・ホークの実妹。前大戦時にアスランがザフトを脱走した際、彼に協力してともに離脱、独立勢力のメンバーとなった。停戦後はオーブ軍に所属し(階級は三尉)、現在は諜報機関ターミナルの工作員としてアスランを全面的にサポートしている。かつてはアスランのことが気になっていたようだが、現在は良き同僚である。17歳。

アスランとメイリンの活動拠点となったキャバリアーアイフリッド-0。ミラージュコロイド技術を応用したステルス機能を有し、生活スペースも備える。

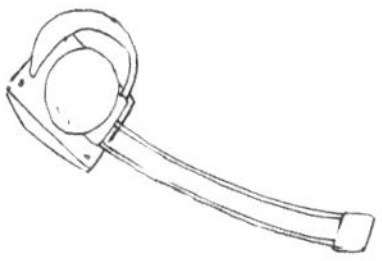

髪型も変わり、以前に比べて大人びた印象を受ける。ターミナルとして隠密行動を取るためか、カジュアルな服装で活動することも多いようだ。

← パイロットスーツ

トーヤ・マシマ

CV＝佐倉綾音

カガリの秘書を務める聡明な少年で、年齢は14歳。次世代のオーブ連合首長国の代表首長としてカガリが目をかけており、彼女みずからがその教育係を務めている。

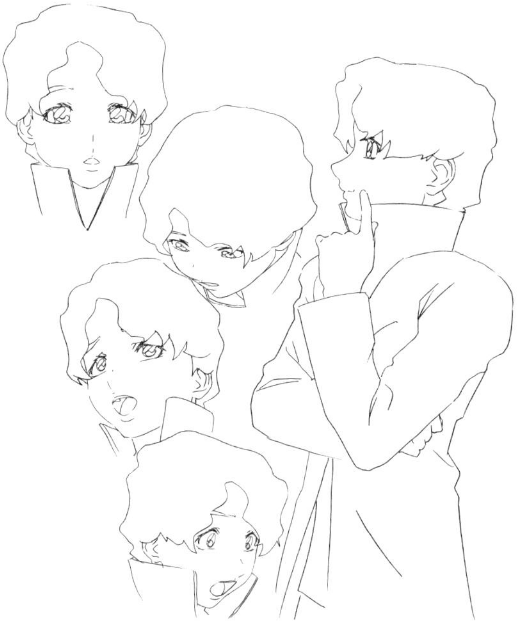

アマギ

CV＝千葉進歩

前大戦で独立勢力と行動をともにし、アークエンジェルにも乗艦したオーブ士官。オーブが掲げる中立の理念を守るために、C.E.75現在もそのサポートを行っている。

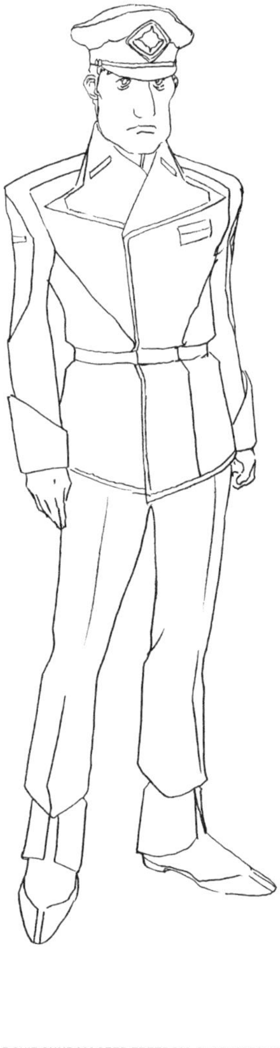

← オーブ制服

ファウンデーションとの戦いでは、オーブ軍として総力を挙げてこれに対峙した。

エリカ・シモンズ

CV = 柳沢三千代

オーブの半公営企業モルゲンレーテ社の技術者。C.E.75現在もモビルスーツ開発の最前線におり、ムラサメ改など新型機の開発・整備などに尽力している。38歳。

ミリアリア・ハウ

CV = 豊口めぐみ

C.E.71の戦乱をアークエンジェルのクルーとして戦い抜いた女性で、その後は戦場カメラマンに転身。現在もオーブ軍に協力しているようだ。20歳。

サイ・アーガイル

ヘリオポリスで暮らしていた民間人で、C.E.71の戦乱ではアークエンジェルのクルーとして戦い抜いた。その後、オーブに戻ると行政に参加しているようだ。20歳。

レドニル・キサカ

CV = 千葉一伸

オーブ軍の一佐。C.E.71の戦乱時にはオーブ元代表ウズミ・ナラ・アスハの娘、カガリを追い、レジスタンス組織「明けの砂漠」に参加。現在もコンパスに協力している。32歳。

ザフト参謀本部に所属する情報将校。20歳。ザフトの「赤服」として、アスラン・ザラ、ディアッカ・エルスマン、ニコル・アマルフィとともにC.E.71の戦乱に参加後、C.E.73～74の大戦にも参加。どちらの戦乱でも一時的に独立勢力に協力したことでも知られる。現在もザフトに在籍しているが、ファウンデーションとの戦いではコンパスに協力。ジャガンナートらザフト急進派による攻撃を阻止するために動いた。

イザーク・ジュール

CV＝関 智一

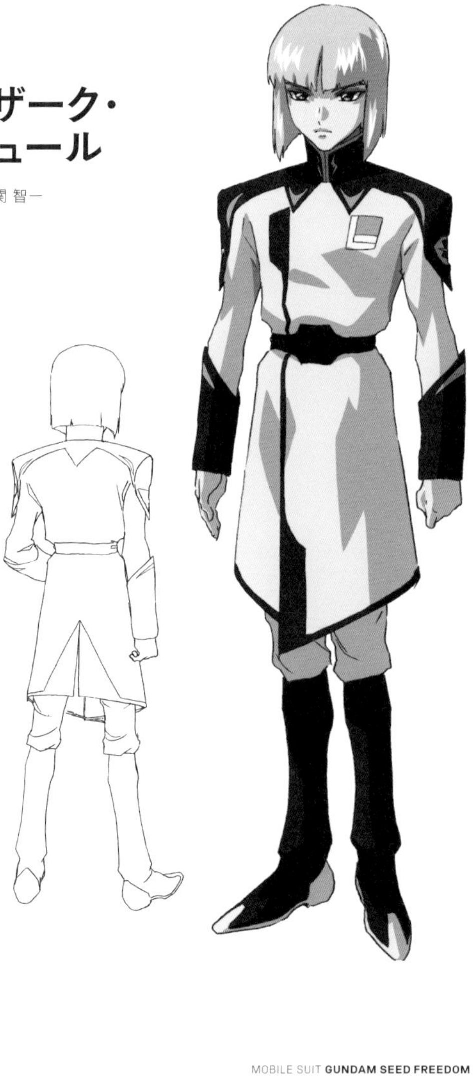

デュエルガンダムに改修を施し、核動力への換装を行った機体。ブリッツ系統の武装も装備し、ミーティアとのドッキングにも対応できる。

ZGMF-1027M
デュエルブリッツガンダム

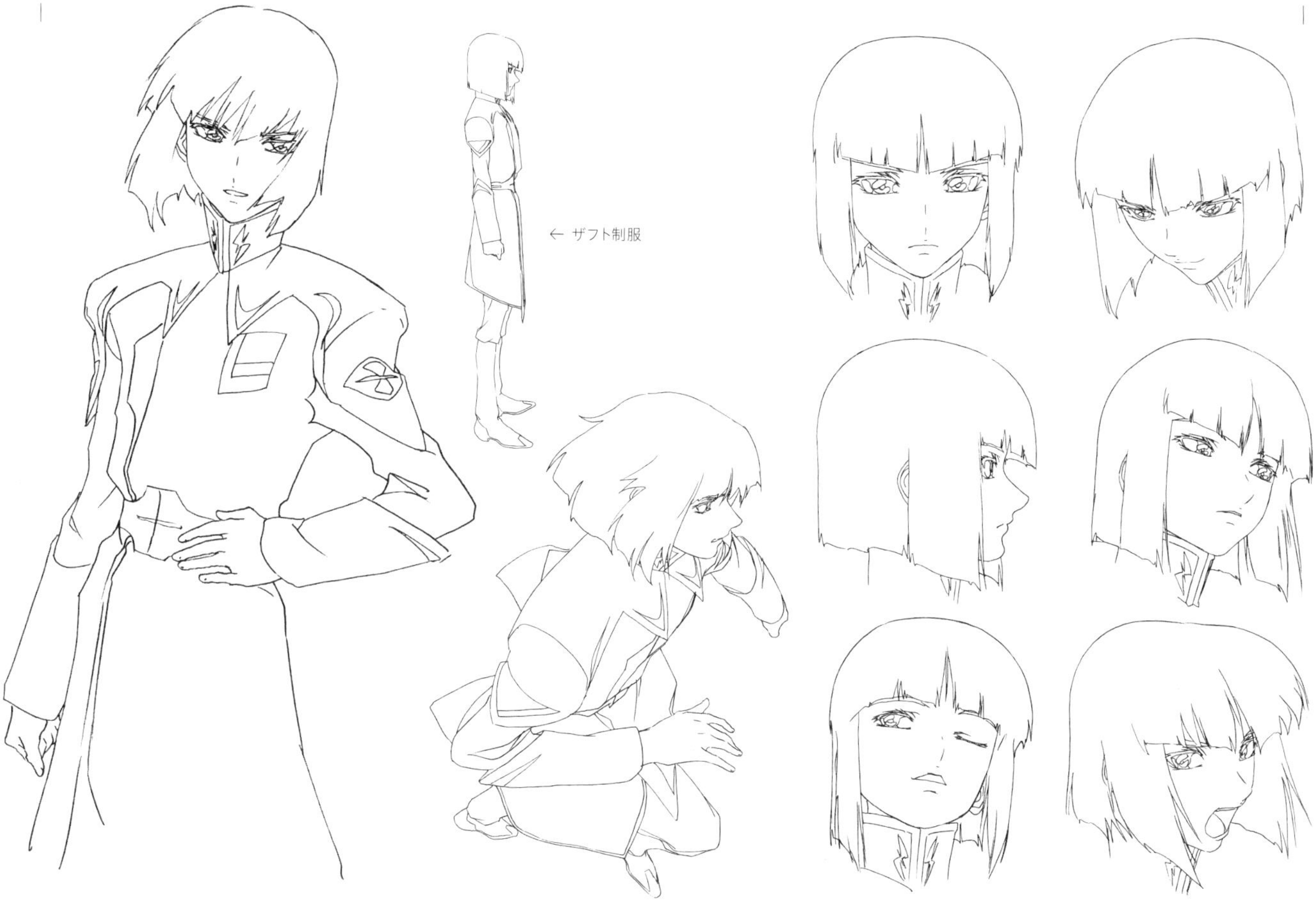
← ザフト制服

← パイロットスーツ

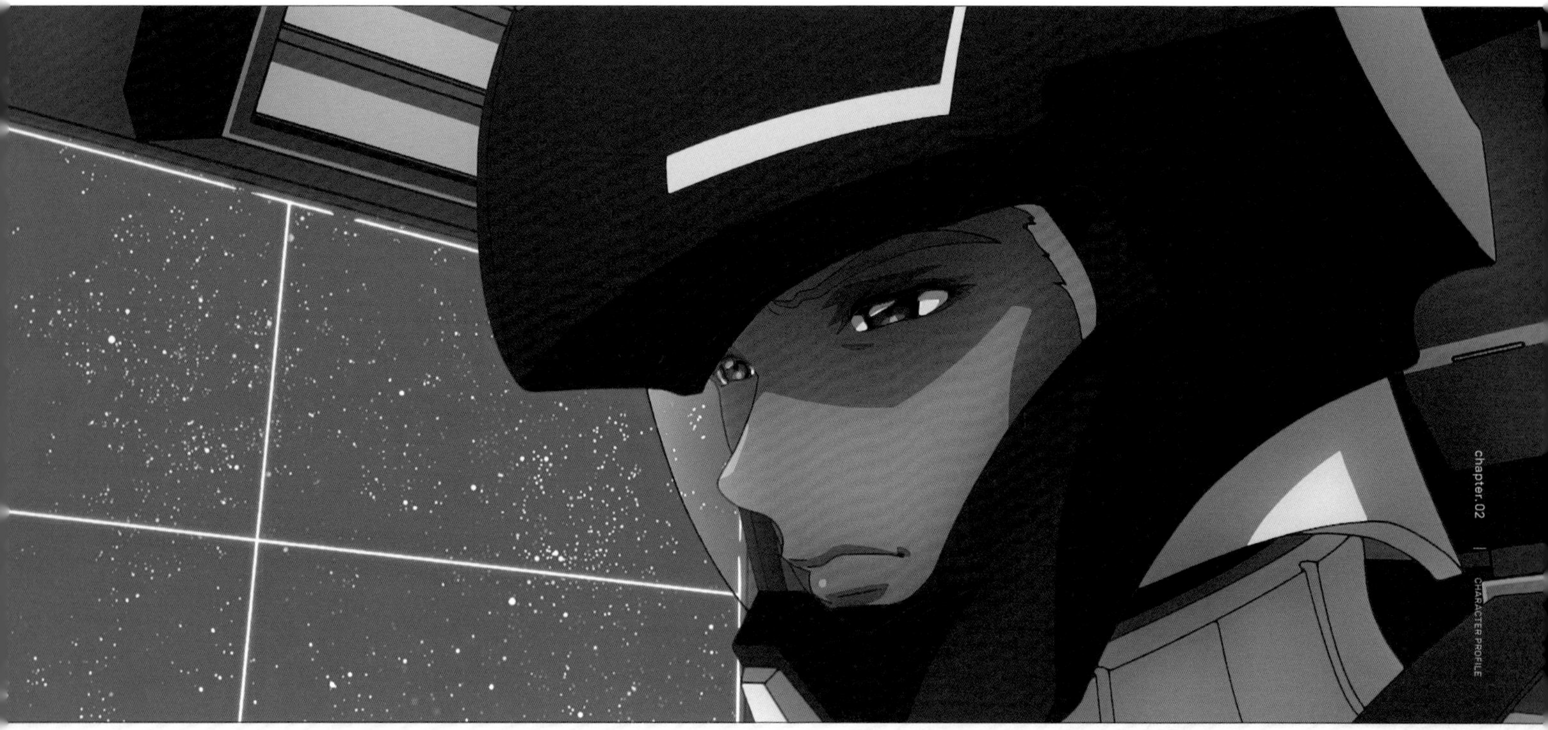

ディアッカ・エルスマン

CV = 笹沼 晃

ザフトのモビルスーツパイロット。21歳。C.E.71の戦乱ではアークエンジェルに投降後、独立勢力に協力。C.E.73にはザフトに復帰したが、イザークとともにデュランダルの方針に反対し、クライン派を援護した。現在もザフト所属だが、新興国家ファウンデーション王国との戦いではコンパスに協力。クライン派の補給施設に移動したのち、ファウンデーションによるレクイエム発射を阻止するべく出撃した。

バスターの改修機に搭乗。ザクウォーリアのコクピットが搭載されており、その操縦機構をディアッカは気に入っていた。

ZGMF-103HD
ライトニングバスターガンダム

← ザフト制服

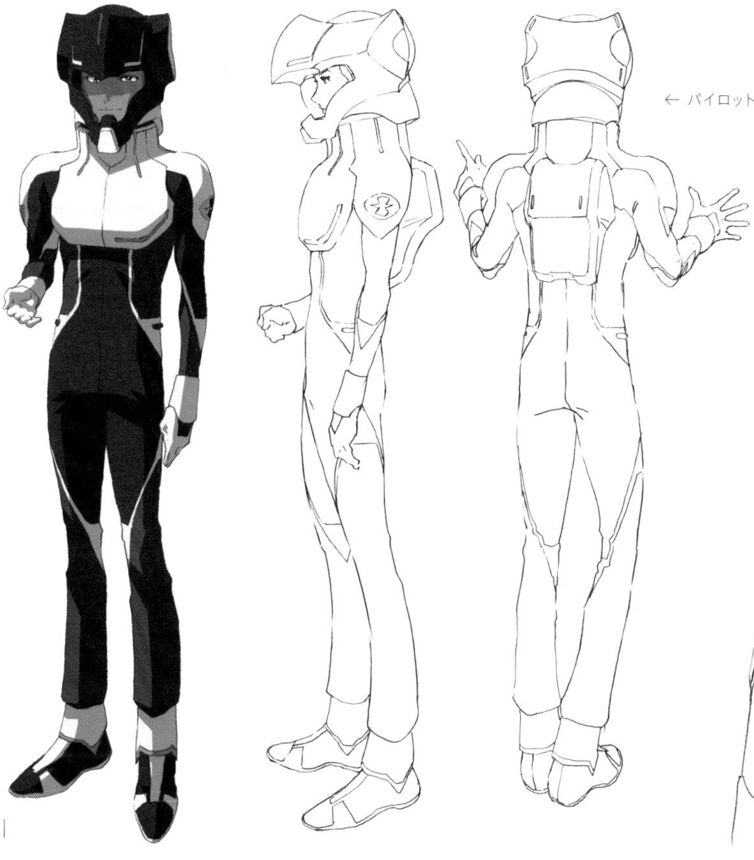

← パイロットスーツ

ワルター・ド・ラメント

CV = 藤 真秀

C.E.75現在のプラント最高評議会議長。地球側、オーブ側のどちらにも融和的で、コンパスにも協力的だったが、「エルドアの惨劇」以降、態度を硬化させる。51歳。

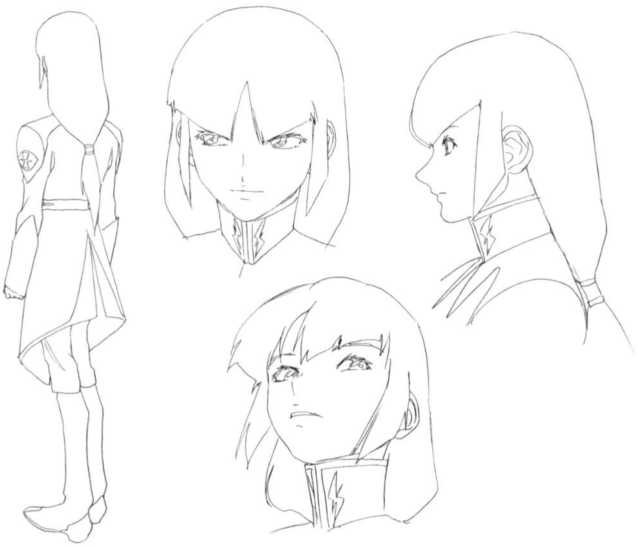

シホ・ハーネンフース

イザーク直属の部下であり、前大戦ではジュール隊に配属されていたモビルスーツパイロット。C.E.75の戦いでも、イザーク、ディアッカと行動をともにしている。

ユーリ・アマルフィ

C.E.71の戦乱時、プラント最高評議会議員を務めていた。地球連合軍との戦闘で戦死したザフトの「赤服」、ニコル・アマルフィの父であり、現在も要職に就いているようだ。

ハリ・ジャガンナート

CV = 江頭宏哉

プラント最高評議会議員で国防委員長。ナチュラル根絶を訴える急進派で、ファウンデーションによるオーブ襲撃を支持。隊を率いてその攻撃を援護した。39歳。

エザリア・ジュール

CV = 三石琴乃

イザーク・ジュールの母親で、元プラント最高評議会議員。かつてはパトリック・ザラを支持する急進派の人物だったが、現在は中立のラメントやアイリーンに近いようだ。

アイリーン・カナーバ

元プラント最高評議会議員。C.E.71の戦乱終結後、一時的に議長代理を務めた。プラント上層部の中では穏健派であり、現在はラメント議長を支持している。

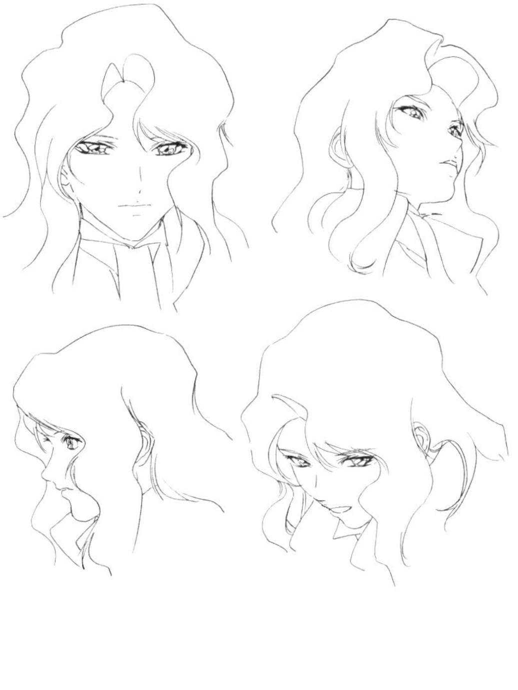

アンドリュー・バルトフェルド

元ザフトの指揮官兼モビルスーツパイロット。ラクスに賛同してザフトを離脱後は、クライン派のまとめ役となる。現在はザフトに復帰している。33歳。

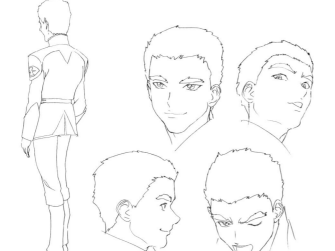

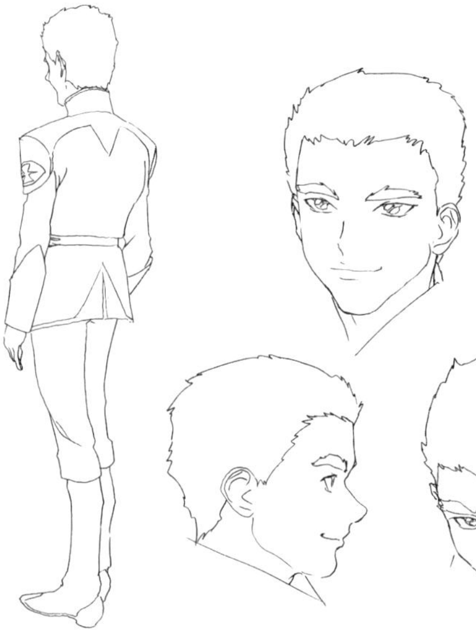

マーチン・ダコスタ

バルトフェルドの部下。バルトフェルドとともにザフトを離脱し、その後はクライン派の中核メンバーとして活動。現在はザフトに復帰している。30歳。

ギルバート・デュランダル

CV＝池田秀一

C.E.73～74の戦いで、プラント最高評議会議長を務めた。彼が導入を目指した「デスティニープラン」は、キラたちよって阻止されたのちも、一部の人々から支持されていた。

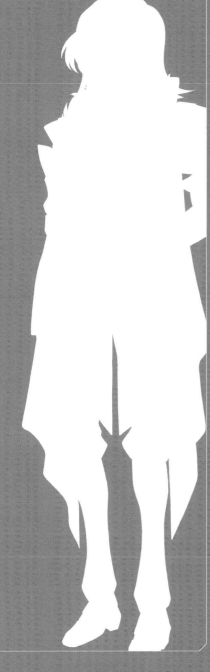

03

CHARACTER PROFILE

KINGDOM OF FOUNDATION / EARTH ALLIANCE

キャラクター紹介

ファウンデーション王国／地球連合

新興国家ファウンデーション王国の宰相。20歳。前大戦時中の混乱に乗じてユーラシア連邦から独立すると、その優れた指揮で国家の復興と経済的な発展を短期間で成し遂げた。また、アコードで編成された近衛師団ブラックナイトスコードを率いており、自らもパイロットとして出撃するだけの能力を持つ。C.E.75、ブルーコスモスの本拠地を目標とした襲撃作戦をコンパスと共同で開始。そこでコンパス総裁であるラクスと対面したオルフェは、キラの存在を無視するかのように彼女へと接近する。それは、オルフェが敬愛する女王アウラによる、新たな社会秩序構築のための一歩であった。

オルフェ・ラム・タオ

CV＝下野 紘

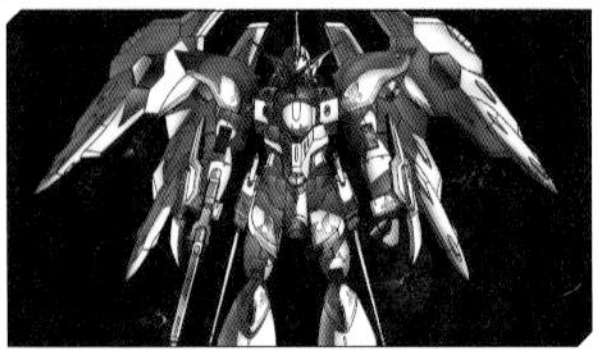

プラントの技術を採り入れて完成した、ファウンデーション製のオリジナルモビルスーツ。「フェムテク(FT)装甲」が採用されている。コクピットは複座型で、イングリットとともに運用した。

NOG-M2D1/E
ブラックナイトスコード カルラ

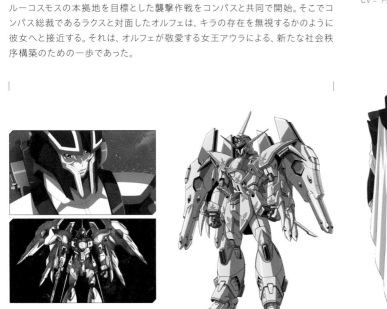

← ファウンデーション制服
ダンス服 →
パイロットスーツ →

イングリット・トラドール

CV = 上坂すみれ

ファウンデーション王国の国務秘書官を務める女性。20歳。オルフェの右腕的な存在であり、主に行政面において彼を支えている。リデラードとは姉妹の関係にある。ブルーコスモス本拠地への侵攻作戦を経てオルフェとラクスが接近すると、そばでふたりのやりとりを見ていたイングリットは、オルフェを拒絶するラクスに疑問を覚える。一方で、それは自身の信念が揺らぎ始める契機にもなった。

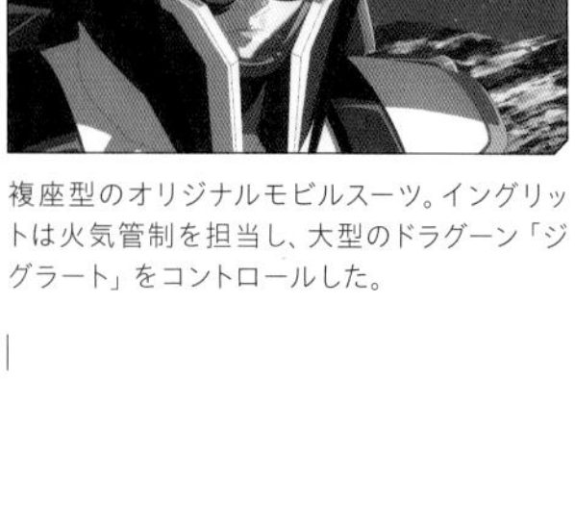

複座型のオリジナルモビルスーツ。イングリットは火気管制を担当し、大型のドラグーン「ジグラート」をコントロールした。

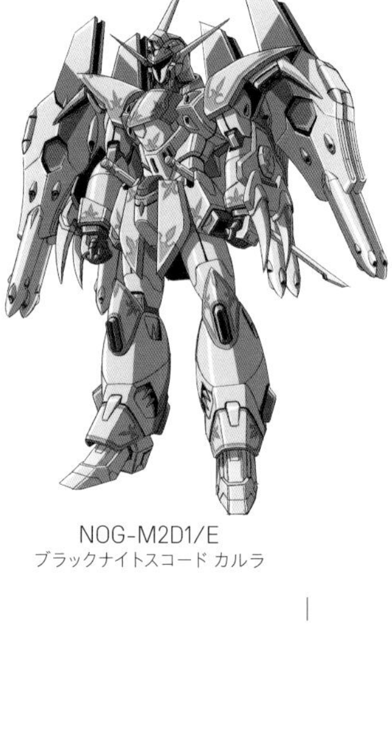

NOG-M2D1/E
ブラックナイトスコード カルラ

ファウンデーション制服 →
← パイロットスーツ

シュラ・サーペンタイン

CV＝中村悠一

新興国家ファウンデーション王国の国防長官であり、近衛師団長も務める人物。18歳。謎多きエリート部隊ブラックナイトスコードの隊長でもある。力こそが正義だという信念を持ち、圧倒的な強さを追い求める中でコンパスのメンバーとも対立する。「エルドアの惨劇」時には、キラを操るだけでなく、核攻撃を仕向ける作戦を指揮。以降も、アウラが掲げる社会変革実現のため、その力を行使し続けた。

格闘戦に特化した機体。シュラは3本のビームサーベルをはじめ、複数の格闘兵器を状況に応じて使い分けていた。

NOG-M1A1
ブラックナイトスコード シヴァ

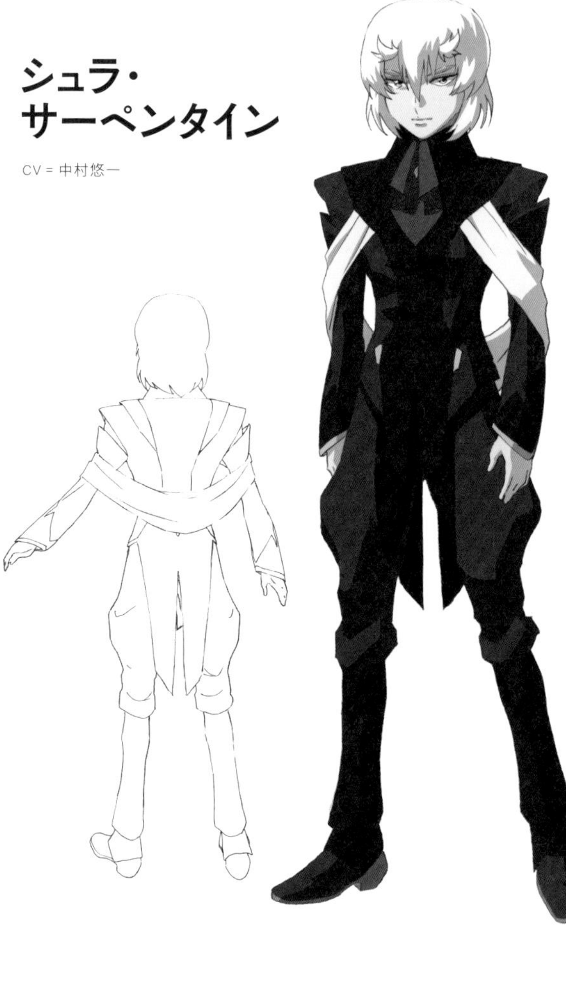

← ファウンデーション
制服

← パイロットスーツ
← 私服

グリフィン・アルバレスト

CV = 森崎ウィン

ブラックナイトスコード隊員。向こう見ずな言動が目立つが、能力は高い。テレパシーを使ったコミュニケーションによって、コンパス兵を欺くことに成功している。エルドアでの戦いでは、シンが乗るイモータルジャスティスを撃破した。18歳。

ブラックナイトスコードの主力モビルスーツ。グリフィン機は緑のカラーリングが特徴で「エメラルド」の名前を持つ。

NOG-M4F2
ブラックナイトスコード ルドラ(グリフィン機)

← パイロットスーツ

ファウンデーション制服 →

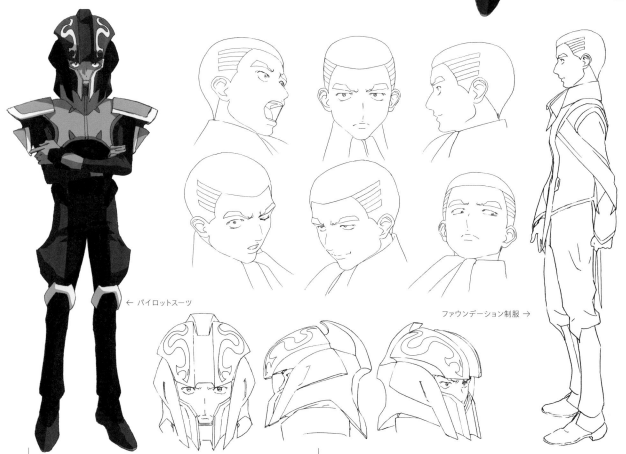

リデラード・トラドール

CV = 福圓美里

ブラックナイトスコード隊員で、イングリットの妹。まだ15歳で、隊員の中では最年少。直感的、衝動的に動くことが多く、自分の能力に自信を持っている。エルドアでの戦いでは、グリフィンやシュラとともに、キラの乗るライジングフリーダムに迫った。

ブラックナイトスコードの主力モビルスーツ。リデラード機はオレンジのカラーリングが特徴で「ガーネット」の名前を持つ。

NOG-M4F1
ブラックナイトスコード ルドラ(リデラード機)

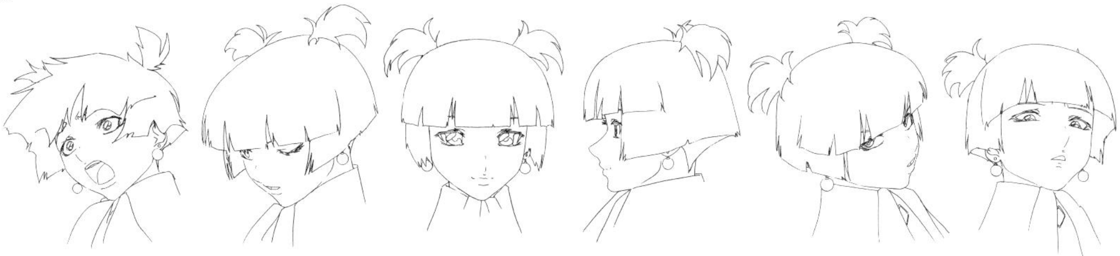

← パイロットスーツ

↓ ファウンデーション制服

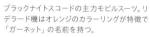

ダニエル・ハルパー

CV = 松岡禎丞

ブラックナイトスコードの隊員。マスクを常に着用しており、その表情はやる気がないように見えるが、いざというときは残忍な手口も厭わない。エルドアでの戦いではアークエンジェルの艦橋を破壊して轟沈させ、ムウが乗るムラサメを大破させた。16歳。

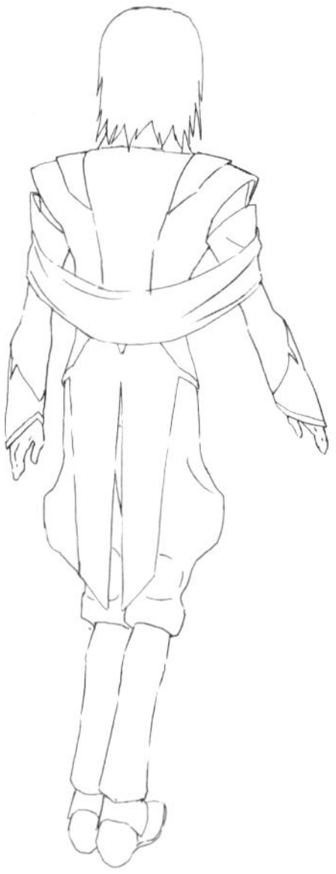

ブラックナイトスコードの主力機。出撃時は、無人機を随伴する。青を基調としたカラーで、名称は「サファイア」。

NOG-M4F4
ブラックナイトスコード ルドラ(ダニエル機)

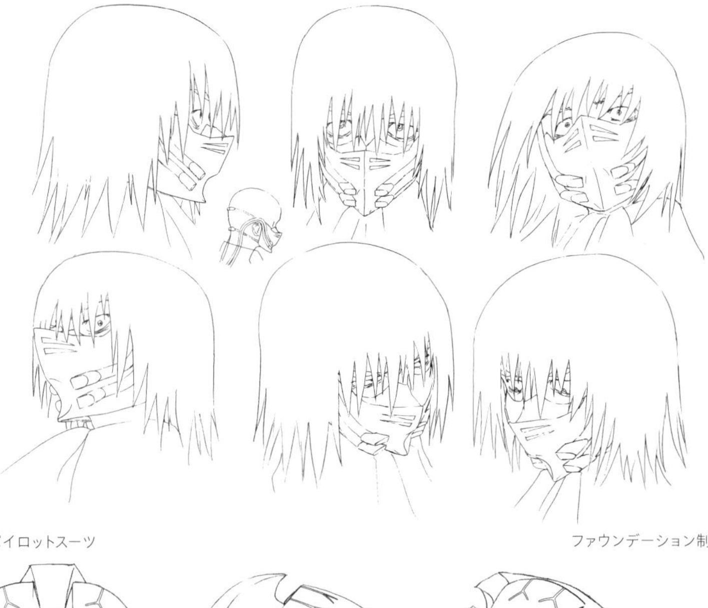

← パイロットスーツ

ファウンデーション制服 →

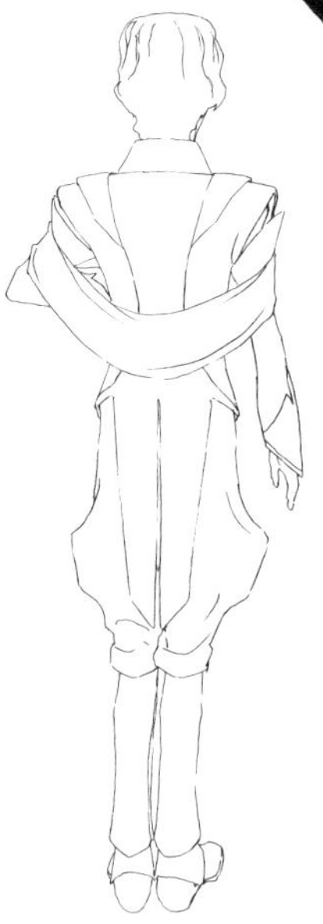

リュー・シェンチアン

CV＝利根健太朗

ブラックナイトスコードの隊員。物腰こそ柔らかく礼儀正しいタイプだが、コンパスの兵士をはじめ、アコード以外の他者を見下す傾向にある。エルドアでの戦いでは、幻影を用いた戦術によってマーズとヘルベルトが乗るゲルググメナースを撃破した。17歳。

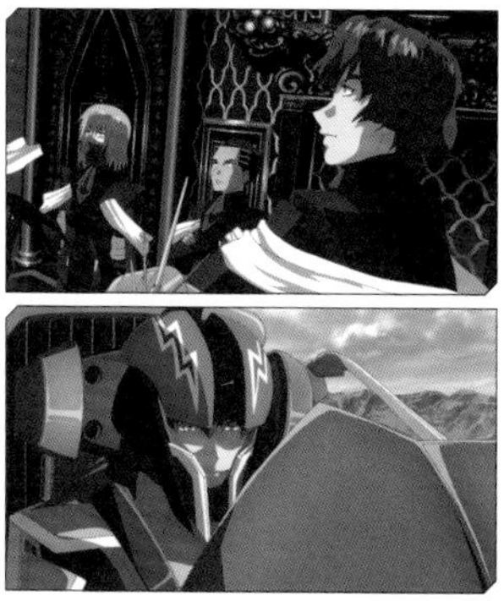

ブラックナイトスコードの主力機。リュー機はピンクのカラーリングとなっており、名称は「スピネル」。

NOG-M4F3
ブラックナイトスコード ルドラ（リュー機）

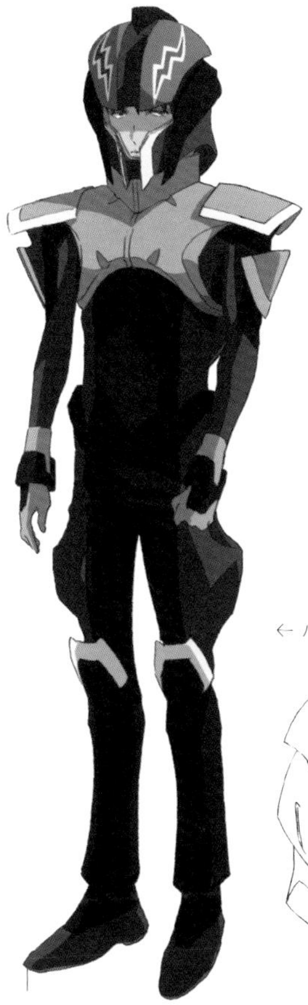

← パイロットスーツ

ファウンデーション制服 →

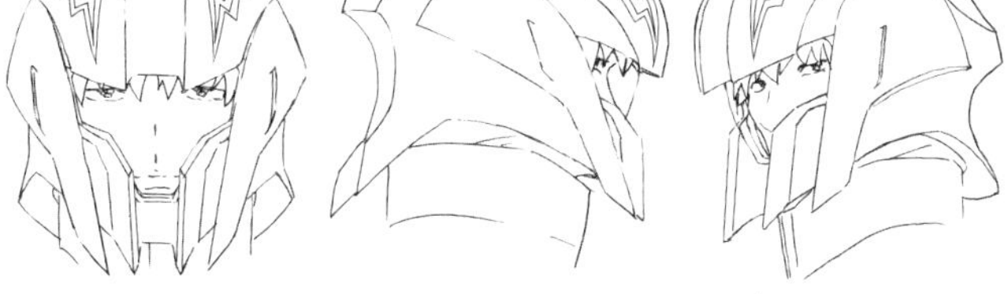

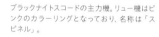

アウラ・マハ・ハイバル

CV = 田村ゆかり

ファウンデーション王国の女王。非常に幼く見えるが、年齢は50歳。聡明な人物で、宰相のオルフェをはじめ、ブラックナイトスコードのメンバーらのアコードを重用し、国家の発展と独立を成し遂げた。さらに遺伝子による新たな社会システムの導入を目論んでいる。

アコードを生み出したアウラ。その中でもオルフェとラクスは、デスティニープランが実現した際の社会構造において頂点に立つべき存在とされた。

[KEYWORD] アコード

デュランダルとアウラが開発を行っていた究極のコーディネイターのこと。ラクスの母も研究に関与していたと見られる。遺伝子調整によって身体的能力を高めている他、アコード同士はテレパシーを使ってコミュニケーションをとることができるなどの特殊能力を持つ。

ファウンデーション一般兵

新興国家ファウンデーション王国に所属する兵士。目覚ましい経済発展とともに軍備も拡大していたと見られ、「エルドアの惨劇」などに投入された。

ファウンデーション制服 →

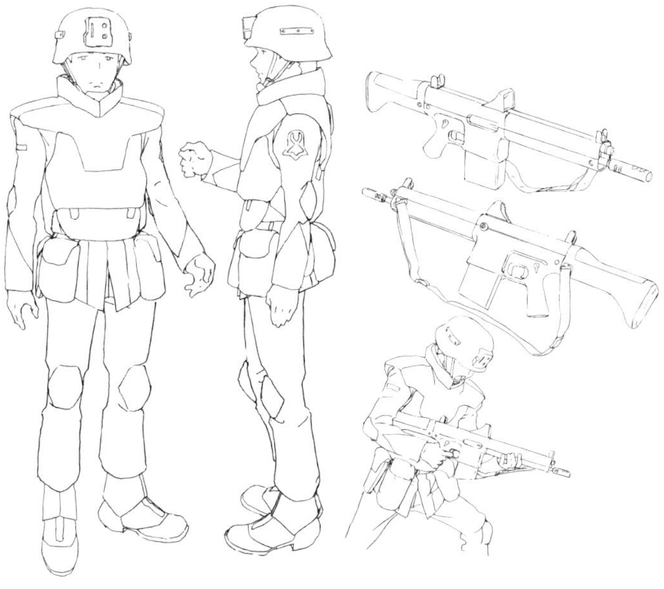

↑ 地上兵

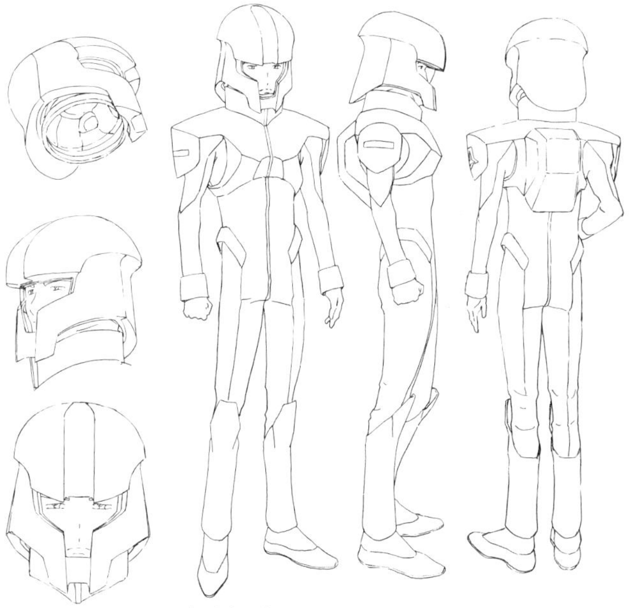

↑ パイロットスーツ

ミケール

地球連合軍の大佐。ブルーコスモスの理念を掲げ、残存勢力を結集。ユーラシア連邦の軍事緩衝地帯の近くに拠点を作り、プラント側に対する反抗を続けている。

↓ 地球連合軍制服

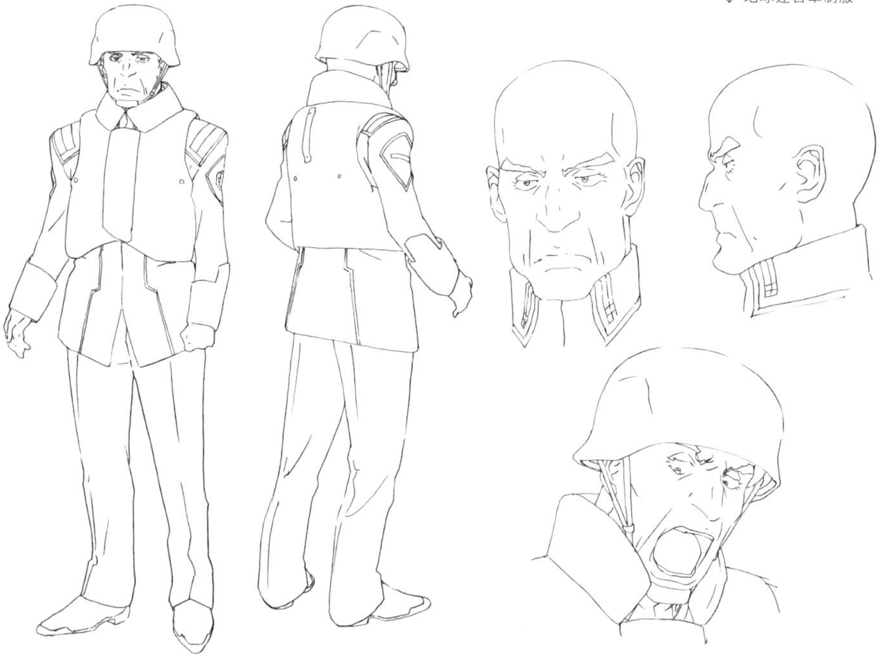

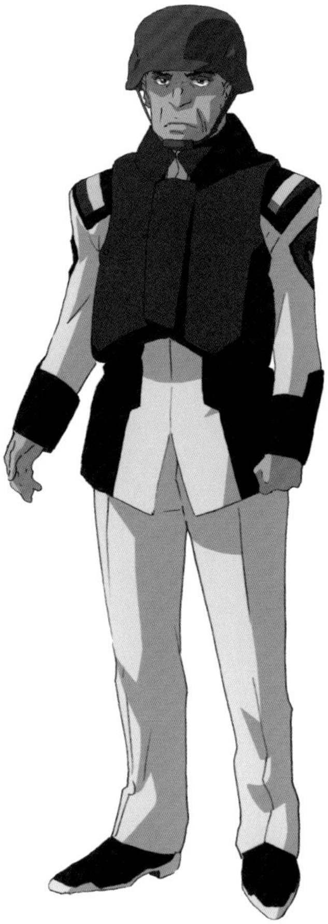

フォスター

CV＝日野由利加

大西洋連邦をまとめている大統領。コンパスに加盟し、兵を送っているが、核が撃たれた「エルドアの惨劇」以降、とくにプラント側と対立が激しくなっていった。

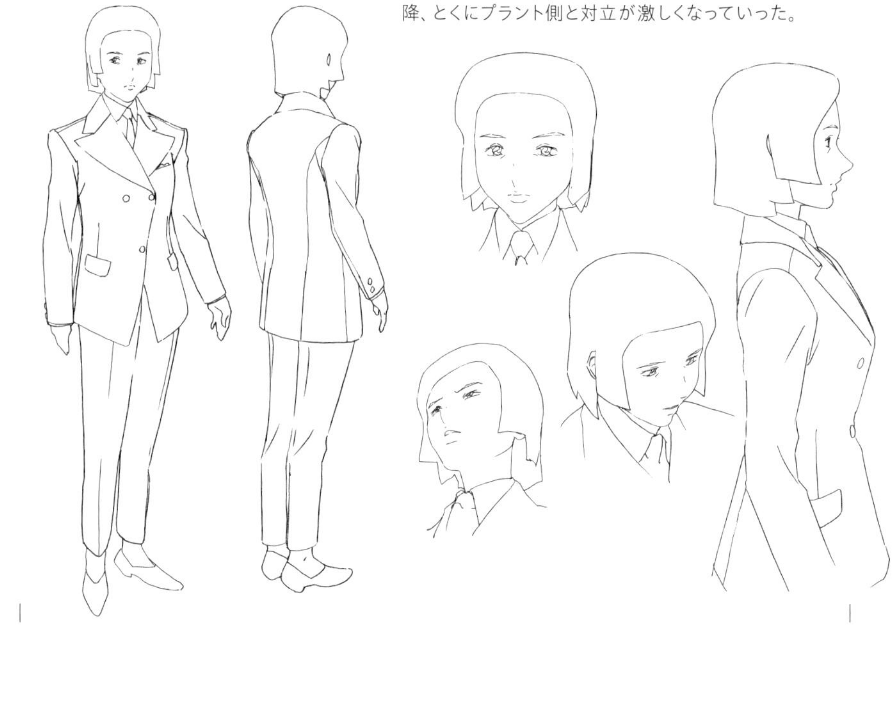

04

CAST & STAFF INTERVIEWS

キャスト&スタッフインタビュー

キラ・ヤマト役 保志総一朗

[KIRA YAMATO] SOICHIRO HOSHI

『機動戦士ガンダムSEED FREEDOM（以下、FREEDOM）』では、
悩み苦しみながらも奮闘するキラの姿が描かれ、彼が見せた弱さや苦悩が印象的だった。
キラとラクスの関係性に大きなスポットが当てられている本作でキラの心情をどのように表現したのか。
キラ・ヤマトを演じた保志総一朗に聞いた。

キラの存在は もはや家族であり、分身

――『機動戦士ガンダムSEED』（以下、SEED）』の最新作である『FREEDOM』が、TVシリーズから約20年を経て完成しました。

保志▽制作が本格的に動き出したという話を数年前に聞いていました。『FREEDOM』の収録に臨むまでの間にもゲームなどで新たにキラのセリフを収録して、『SEED』や『機動戦士ガンダムSEED DESTINY（以下、DESTINY）』の物語を再現する仕事はありました。ですが、新しいセリフ、新しいストーリーに触れられたことは感慨深かったですね。

――保志さんの声優キャリアの中で、『SEED』という作品はどういう位置づけですか？

保志▽僕の声優人生と切り離せないものですね。声優人生＝「ガンダムSEEDシリーズ」であり、キラと言ってもいいくらいで。TVシリーズが終わってから約20年が経ちますが、いまだに関連の仕事が続いているわけですから。『FREEDOM』で久しぶりに新しいキラを演じることになりましたが、常に彼は自分の中にいるイメージです。もはやその存在は家族であり、分身であると言えますね。

――「ガンダムSEEDシリーズ」の魅力をどのように捉えていますか？

保志▽ガンダムシリーズそのものの魅力が詰まった作品だと思います。モビルスーツのバトルであったり、キャラクター同士の複雑な関係性であったり……。大きく分ければ、ガンダムシリーズの中でも「ガンダムSEEDシリーズ」は設定も細かいと思いますし、リアリティ重視のロボットアニメに当てはまると思います。一方で、スーパーロボットもののような、理屈じゃない面白さやカッコよさもしっかりとあるのが個人的には「刺さる」点ですね。僕はスーパーロボット世代だったので、そのダイナミックな表現がアニメーションとしての説得力につながっていると思います。

アスランがなかなか出てこなくて ヒヤヒヤしました（笑）

――『FREEDOM』におけるキラ・ヤマトの印象を聞かせてください。

保志▽はっきり言ってしまうと、『FREEDOM』の物語が生まれたことで、キラという人物を端的に説明できなくなったところはありますね。『SEED』のときの彼は、複雑な生い立ちを背負いながらも、何も知らない純粋な少年でした。そこから成長する物語として、とてもわかりやすく感情を追うことができましたが、『DESTINY』のときはその思考が少し常人離れしているように感じました。すごく特異な成長をしたんだなと思いましたし、どうしてその思考に至った

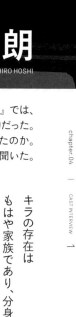

のかがあまり描かれなかったこともあって、考えすぎないように演じていました。それが今回に関しては、彼の強さ、弱さも含めていろいろな面がしっかりと描かれている。キラという人物をより深く知るためには必要かつ重要な物語だと思いますね。

――演じるうえでは『DESTINY』の延長線上にあるキラを意識したのでしょうか?

保志▽僕としては、新たなキラを作り出すという意識でした。それがファンの皆さんに受け入れていただけるだろうか、という緊張はいまだにあります。

――アフレコはどのように進めましたか?

保志▽前半と後半の2回に分かれていたのですが、最初は分かれていることを知りませんでした。前半の台本が5幕構成のうちの第2幕までだったので、最後まで読み進めても結末が見えてこず、「これで全部なのかな? アスランがなかなか出てこないぞ?」とヒヤヒヤしました(笑)。後半があると知ったときはホッとしましたね。

――ということは、前半のアフレコは結末を知らずに臨んだのでしょうか?

保志▽はい。ラストの展開を知らないという緊張感が芝居に反映されていると思います。収録のときのメンバーはラクス役の田中(理恵)さんとシュラ役の中村(悠一)くん、オルフェ役の下野(紘)くんでした。うれしかったのは、久々に掛け合いをしながら演技ができたこと。ゲームの収録はいつもひとりなので、キラとしてラクスと対話できたときに、なんとも言えない感動がありましたね。ただ、オルフェに惑わされているラクスの様子を見るのは複雑な気持ちでした……。何も言わずに目を伏せたキラの気持ちが、痛いほどわかりましたね。

――そのあと後半のアフレコがあったわけですね。

保志▽後半のアフレコはアスラン役の石田(彰)さん、シン役の鈴村(健一)くんと一緒に収録できたので、熱い気持ちになりました。この3人はモビルスーツに乗って戦うメインメンバーだし、同じ志を持っている。『DESTINY』の終盤以来、久々にみんなが揃って一緒に戦うことができたのでうれしかったです。

『FREEDOM』はキラとラクスの集大成

――『FREEDOM』では、キラとラクスの愛が大きなテーマとなりました。

保志▽そうですね。『FREEDOM』は、キラとラクスの関係を深く描いた物語だと思っています。これまで、ふたりの恋愛感情に迫る描写はほとんどなかったじゃないですか。大きい意味での「絆」や「つながり」にスポットが当たっていて、それこそふたりの関係は恋愛感情がなくても成立するのではないか?と思うくらいに。でも、『FREEDOM』では、キラもラクスも、今まで見せていなかった相手に対する気持ちをさらけ出しているのが人間らしかったですよね。

――キラに関して言えば、彼の弱さがクローズアップされているように思いました。

保志▽後半パートの台本を読んだとき、あそこまで弱音を吐く姿にショックを受けました。でも、よく考えれば『DESTINY』で大きな戦争が終わったにもかかわらず、そのあともキラはコンパスのメンバーとしてひたすらに戦ってきた。それでも思い描いた世界にならないことへのあきらめと疲弊が、彼を覆い始めていると思うと「なるほど」と。

――そんなキラをどのように演じたのでしょうか?

保志▽最初は戸惑いもありました。『DESTINY』の頃の彼とは違うので、なんだか不思議な感覚でしたね。収録で彼の弱みを見せようとすると、演技が大人になりすぎてしまって。福田己津央監督からは「『SEED』に戻っちゃったくらいのイメージで」とディレクションを受けました。ただ、キラもいろいろな戦いを経て成長をしてきているから、完全に戻るのではなく、乗り越えたうえでの人間味や弱さを出せればと思いながら演じていました。

――人間味の中から弱みを出していく。

保志▽キラの今回の弱さは、物理的にも精神的にもラクスとの距離が離れたことが大きいと思います。常に近くにいたはずの彼女がオルフェの出現によって遠くに感じるようになり、追い詰められていく。結果的には、ラクスへの強い気持ちに気づく機会にもなったわけですが。

――オルフェの登場は、それだけキラにとって衝撃だったでしょうね。

保志▽そうだと思います。アコード云々ということだけではなく、キラとは対極にいるタイプというのも含めて。

――ラクスへの気持ちを、最後はしっかりと言葉にするのが本作のポイントですよね。

保志▽『DESTINY』の頃のキラとラクスには「言わなくてもわかる」という安心感がありました。それが今回、オルフェに揺さぶられたことで、ラクスもキラも言葉で気持ちを伝えることの重要性をあらためて知りました。個人的な想いを言えば『DESTINY』の頃のような、ゆるぎない信頼感のままでいてほしかった部分もあります。多少いざこざがあっても、それは見えないところでやってもらって（笑）。でも、キラとラクスの物語、その集大成が『FREEDOM』だとすると、ここまできちんと描かれたのはよかったと思います。

――達成感みたいなものはありましたか？

保志▽そうですね。しっかりと覚悟を持って、ラクスへのセリフを言うことができたという自負はあります。

キラとアスランはやっぱり親友

――アスランとの関係性も、『DESTINY』とは違う視点で描かれていました。

保志▽本作を終えて思うのは、やっぱりふたりは親友なんだなと。ここに来て、拳と拳で語り合うようなことをするので、びっくりしましたね（笑）。キラを演じている立場からすると、アスランがそばにいるのはうれしいんですよ。彼も悩みながら成長してきて、頼りになる存在なので。そんなアスランの前だからこそ、キラも弱音を吐くことができた。ちょっと情けなくもあるけれど、あれはアスランだからぶつけることができた感情だと思います。

――『DESTINY』では敵対していたシンも、今回は共闘しますね。

保志▽彼が慕ってくれているのがうれしかったですね。『DESTINY』ではさまざまな思惑に悩まされていたけれど、もともとは明るくていい子じゃないですか。そんなシンが懐いてくれて、頼りがいがありました。

――では、最後にあらためてキラへの想いを聞かせてください。

保志▽じつは『DESTINY』から時間がかなり空いたので、「キラはこういう人」というのが僕の中で固まっているところがありました。でも、『FREEDOM』でキラの弱さや強さ、そしてラクスとの絶対的な絆などキラの新しい一面が描かれ、彼をより深く知ることができてうれしかったです。シリーズを通じて本当に成長してきたし、いろいろなことを乗り越えてきたけど、まだまだ若いんですよね。キラと一緒に、自分もまだ成長していけると感じたので、彼のことがより好きになりました。△

保志総一朗（ほし・そういちろう）

福島県出身。アーツビジョン所属。
主な出演作に『アイドリッシュセブン』シリーズ（百役）、『ひぐらしのなく頃に』シリーズ（前原圭一役）、『PERSONA5 the Animation』シリーズ（明智吾郎役）などがある。

ラクス・クライン 役

田中理恵

[LACUS CLYNE] RIE TANAKA

『機動戦士ガンダムSEED FREEDOM（以下、FREEDOM）』のテーマは愛——
そうした表現が誇張ではないほど、物語の中でラクス・クラインとキラ・ヤマトの関係性は掘り下げられている。
ラクスを演じた田中理恵は、キラとの関係をどのように捉えていたのだろうか。

『FREEDOM』のテーマは愛

——TVシリーズから約20年ぶりに劇場版が制作されると聞いたときの率直な感想を教えてください。

田中▽2006年に劇場版の制作が発表され、15年以上が経過したのですが、私たち出演者は制作を信じて待っていました。その間にもゲームの収録などはあったのですが、「ガンダムSEEDシリーズ」の新作に声を当てるのはやはり特別なことなので、すごくうれしかったですね。

——『機動戦士ガンダムSEED（以下、SEED）』と『機動戦士ガンダムSEED DESTINY（以下、DESTINY）』において、ラクスにはそれぞれどんな印象がありますか？

田中▽『SEED』の頃はとくにつかみどころのない、ふわっとしたキャラクターでした。プラントの歌姫として歌い、人々と対話をする中でカリスマ性を表現する必要があったので、演じていてとても難しかったです。『DESTINY』の頃になると、凛として強くなりましたよね。戦いたくはないけれど、戦わなければならないのなら前に出ていく。演じるうえではさらに難しくなりましたが、当時は必死に、しがみつくように参加していました。

——そこからの『FREEDOM』になります。

田中▽福田己津央監督がおっしゃっていたのは「これまでのラクスは、キラに剣を渡して、そのサポートをするイメージ」だということ。今回はよりしっかり意思を表現するということで、新しいラクスにチャレンジするような気持ちでした。

——『FREEDOM』の魅力についてはどのように捉えていますか？

田中▽『FREEDOM』は愛をテーマにしています。「ガンダムSEEDシリーズ」の世界の中で展開されている物語が軸になるのですが、キャラクターそれぞれの想いにスポットが当たっていて——ラクス個人に絞ると、キラの存在がどれほど彼女にとって大きなものかを知っていただく機会になったと思います。これまではハグをして、頬にキスするくらいしかふたりの恋愛は描かれていませんでしたが、『FREEDOM』では、もっと踏み込んだかたちで表現されています。

感情をむき出しにするラクスが新鮮だった

——今回の台本を読んでの感想を聞かせてください。

田中▽第1幕から第2幕まで、第3幕から第5幕までと2日間に分けて収録したのですが、前半の台本はキラのカラー（青）で、後半がラクスのカラー（ピンク）になっていたんです。それだけでグッときてしまいました。内容については、オルフェをはじめとするファウンデーションのメンバーなど、新キャラクターが多く登場することに驚きましたね。オルフェとラクスが接近したことで、キラがすごくネガティブになるところには心が締めつけられました。あとはアグネスですね。キャスティングも含めて、フレイを彷彿とさせる存在で、とてもインパクトがありました。

――アフレコはどうでしたか?

田中▽アフレコ当日はすごく張り詰めた状態で現場に向かって、静かに役に集中していましたね。

――福田己津央監督からラクスについての新しい説明はあったのでしょうか?

田中▽まずはテストを収録して、その演技を受けて「こういう風に変えてください」と説明がありました。

――具体的にはどういう説明でしたか?

田中▽たとえば、キラと一緒にいるときは『SEED』のときのふわっとした感じで、などですね。でも、オルフェと対峙するときのラクスは、優しい彼女ではなく、自分自身の意思をしっかりと伝えてくださいと言われました。かつてデュランダル議長とも対峙しましたが、オルフェに対してはまた別の姿勢で臨みました。対話というよりも、感情をむき出しにするというか。「あなたのことを愛していません」とオブラートに包まずに発言する彼女は新しいと思いましたし、私としても新鮮でしたね。

――そのせいか、『FREEDOM』のラクスは人間味があったように思います。

田中▽そこは福田監督が細かく演出してくださいました。台本を読んで自分の中で思い浮かべたイメージがあったとしても、監督が思い描くものとの違いがあれば、なるべく軌道修正して、そちらに合わせていくような作業でしたね。

根本にあるのは
「戦いのない、平和な世界」への願い

――物語の中で追い詰められていくキラを、ラクスが案じている姿が何度か見られました。

田中▽そうですね。キラを早く自由にしてあげたいと思っているのが印象的でした。キラが心優しい人間で、本当は戦いたくないことも知っているんですよね。彼女の理想は「戦いのない平和な世界」で、コンパスの総裁として対話で平和を実現するべきだと考えている。根本にある考えは『SEED』時代からずっと変わっていないかもしれません。

――それこそラクスとキラは、出会ったときから同じ理想を抱いていたのかもしれませんね。

田中▽『DESTINY』では、オーブで身寄りのない子供たちと平穏に暮らしていた日々が描かれていましたが、あれがふたりの求める理想の生活だったのではないかと思います。だからこそ、『FREEDOM』では豪邸にふたりで住んでいますが、どこかギクシャクしているように感じられて。台本を読んだだけだと気づかなかったのですが、居住スペースが広すぎて、一緒に住んでいる気配があまり感じられないというか。

――すれ違っているさなかにオルフェが現れてラクスに接近しますが、彼女の心が揺らぐ瞬間はあったと思いますか?

田中▽もし揺らいでいたとしたら、それはオルフェの人を操る能力であって、翻弄されていただけだと思います。だから最後には彼の考えを打ち砕くことができたわけで。

――あれだけアタックされていても。

田中▽能力も含めてあれだけ押されていたけれど、キラのことをずっと気にしていましたよね。そこは一途だなと思いました。

キラとのキスシーンは
思わず泣きそうになりました

――『FREEDOM』で、これだけキラとのロマンス要素がフィーチャーされたことについてはどう思いましたか?

田中▽単純にうれしかったですね。物語の最後、ラクスが自分の想いを話したあとにキラとキスをするのですが、初めてちゃんとキスすることにすごく感動してしまって。私、アフレコ中に泣くことなんてないのですが、キスに至る一連のセリフを読んだときに涙があふれそうになりました。それこそ、両澤（千晶）さんがいらっしゃればなと思って……。その想いも乗せて、アフレコは最後までしっかりと頑張りました。

――あのセリフに込められた想いは、相当強いということですね。

田中▽そうですね。劇場で観たら、また泣いちゃうと思います。20年、待ち続けた作品だったわけですから。

――では、最後に田中さんがいちばん注目してほしいシーンを教えてください。

田中▽最終決戦のとき、ラクスがプラウドディフェンダーに乗ってキラのもとに向かうシーンは胸が熱くなりました。しかも相手はオルフェで、その機体にはイングリットも一緒に乗っていて。キラ&ラクスVSオルフェ&イングリット、あのバトルは燃えましたね。そしてラクスがキラのストライクフリーダム弐式に移動したとき、膝の上に乗っているんです! これまで別々の場所で戦っていたふたりが、同じコクピットの中で一緒に戦う。それが熱すぎましたね。愛の力を感じました。△

田中理恵（たなか・りえ）
北海道出身。オフィスアネモネ所属。
主な出演作に『ふたりはプリキュア Max Heart』(九条ひかり／シャイニールミナス役)、『ローゼンメイデン』(水銀燈役)、『ちょびっツ』(ちぃ役)などがある。

アスラン・ザラ役

石田彰

[ATHRUN ZALA] AKIRA ISHIDA

『機動戦士ガンダムSEED FREEDOM』において、重要なポジションを担っているのがアスラン・ザラである。長年演じてきた石田 彰は、本作のアスランをどのように捉えたのだろうか。キラをはじめとする登場人物たちとの関係を軸に、メールインタビューで語ってもらった。

久々に見たアスランの変わらない姿に安心した

――久々の「ガンダムSEEDシリーズ」の続編となりました。まず、こうして劇場版が公開されるところまで来たことについての心境を教えてください。

石田▽ようやくここまで辿り着いたという感覚でしょうか。一時は劇場版の企画はなくなったものだと思っていたのでこうしてゴールテープを切れた達成感はひとしおです。一出演者でそんな感じなのですから、福田監督をはじめ、製作に携わった方々は推して知るべしでしょう。

――TVシリーズ、スペシャルエディションにてアスランを演じている時期は、石田さんのキャリアの中でどのような時期だったと思いますか？

石田▽どんな時期だったんでしょうね？ そういった角度で考えたことが無かったので正直良く分かりませんが、年齢的には働き盛りで一番良い時期だったと言えるのではないでしょうか。私の死後、全キャリアを俯瞰して皆さんで検証してみてください。

――『機動戦士ガンダムSEED FREEDOM（以下、FREEDOM）』の台本を初めて読んだときの感想を教えてください。

石田▽他人への愛情というものについて色々な角度から切り取って物語の中に組み込んでいるなと感じました。後は二冊分になっている台本の一冊目には、香盤に名前は載っているものの読んでも読んでもアスランの出番が無いので途中不安になりましたが、最後の最後に登場して納得しました。

――アスランの姿を台本やキャラクターデザインなどで久々に見て、どのように感じましたか？

石田▽自分にとっては突飛なところもなく変わらない姿に見えたので安心しましたが、皆さんにとってはどうですか？

――新たに設立されたコンパスではなく、ターミナルという立場で活動をしているアスランには、どのような考えがあったと思いますか？

石田▽その経緯は勝手に想像するしかありませんが、アスランとして活動しやすく、意味のあるポジションを選んだということではないでしょうか。コンパスにはキラという百人力で信頼の置ける友がいてくれる訳ですから、別の角度、別のタイミングで動ける立場にいることにより、限られた人員でもより大きな結果を得られるという理屈でしょう。

――ラクスと離れ離れになったあと、弱音を吐くキラをアスランが諭すやりとりがあります。殴り合いの末、彼を奮起させましたが、キラとアスランの信頼関係をどのように感じながら演じましたか？

石田▽あそこまでのことができるのは、やはりTVシリーズを通して描かれてきたキラとアスランの関係性があったからこそでしょう。お互いの弱いところをさらけ出し、それを見てきた間柄だからこその本音のぶつけ合いなんだと思って遠慮なく殴りました。

――ラクスとアスランとの関係性については、どのように解釈していましたか？

石田▽友達と付き合い始めた元カノというようなセンシティブな感情はもう持っていないでしょう。理想を具現化するために自らそのシンボルとなって世界を背負おうとしているラクスのことは、絶対に守るべき人物というステージに昇華しているのだと思います。

――カガリとの関係性についてはいかがですか？

石田▽もう好きの嫌いのという感情優先の段階は通り越して、同じ方向を向いている戦友という意識になっていて、互いに信頼で結ばれているという感じかと思っていたのですが、対シュラ戦であんな妄想を展開させたということは、そういうリビドーを捨て去ってはいないということなのでしょうか？

――メイリンとの関係性についてはいかがですか？

石田▽アスランがメイリンと行動を共にしているのは、自分のせいでザフトに戻ることもままならなくなったメイリンに対して責任をとって居場所をプロデュースしているということではないでしょうか。

――本作でアスランはインフィニットジャスティス弐式や、その仮初（かりそめ）の姿であるズゴックにも搭乗します。本作で気に入っている機体と、その理由について教えてください。

石田▽アスランが搭乗するズゴックのことも気になりましたが、一番意表をつかれたのはギャンでしょうか。ファーストの印象から、マ・クベ以外のパイロットが想像できない機体ですが、どうせならこの流れでアッザムも登場させればいいのにと思ったりしました。

理想の世界が現実になったら
アスランは燃え尽き症候群になる!?

――本作でのアスランはこれまでとは違い、戦いに臨む際に迷うことがなくなっているように思いました。アスランの変化について、どのようにとらえていましたか？

石田▽『機動戦士ガンダムSEED DESTINY』の終了時でアスランは目指すべきものの最終形態をイメージすることができたということでしょう。そこから『FREEDOM』にかけては具体的な行動に出るための準備、実行という段階を踏んでいて、目標自体が揺らいでいないから迷いがないという理屈だと思います。

――アスランはこの戦乱後、どのような生き方を模索していくと思いますか？ 石田さんが考えるアスランの将来像について教えてください。

石田▽ラクス達が標榜する世界がもし現実のものとなったら、アスランとしてはもうすることが無くなって、燃え尽き症候群のような状態に陥ってしまうかもしれませんね。カガリやメイリンにも愛想を尽かされて一人酒場でくだを巻く日々を送るようになり、それはキラの忠告でも改善されず、過去の栄光は見る影もなくなったところにやって来たイザークによる闘魂注入でようやく自分を取り戻す。そんな感じでしょうか。

――あらためて「ガンダムSEEDシリーズ」について、そしてアスランという人物に対して現在、感じていること、思っていることを教えてください。

石田▽戦争を描いたTVシリーズの『機動戦士ガンダムSEED』ですが、20年経ってもそのテーマが陳腐化していないという現状は、現実世界に生きる人類の愚かさを示しているのでしょう。アスラン達のように置かれた現状に悩み、決断し、行動して変化をもたらそうとする人間はフィクションの中にしか存在しないのか、若しくはそういった人物がいても変えられないほど、世の中の流れが怪物級なのか。おそらく後者なのでしょう。でもそんな現実だからこそフィクションで理想を掲げることに意味があるのではないか、『FREEDOM』はそこに手を伸ばしているのではないかと思います。△

石田 彰（いしだ・あきら）
愛知県出身。ピアレスガーベラ所属。
主な出演作は『新世紀エヴァンゲリオン』、『ヱヴァンゲリヲン新劇場版』（渚カヲル）、『昭和元禄落語心中』（八代目有楽亭八雲、菊比古）、『銀魂』（桂小太郎）など。

オルフェ・ラム・タオ 役

下野 紘

[ORPHEE LAM TAO] HIRO SHIMONO

ファウンデーション王国の宰相として登場し、ラクスとの運命を語ったオルフェ・ラム・タオ（以下、オルフェ）。
アコードとして生まれ、決められた役割を果たすことがよりよい世界を作ると信じる彼の前に現れたのは、
自由と愛のもとに生きるキラとラクスだった。
相反する信念との出会いの中で、揺れ動くオルフェをどう表現したのか、下野 紘に聞いた。

20年の時を経て参加できることに思わず「嘘だろっ！」と

――「ガンダムSEEDシリーズ」には初めての参加となりますが、どんな印象を持っていましたか？

下野▽僕が声優としてデビューして間もない頃に『機動戦士ガンダムSEED（以下、SEED）』がテレビでオンエアされていました。それ以前からガンダムシリーズには憧れがありましたし、いつか参加できたらと思っていましたね。思い返しても、オンエア当時の『SEED』はとても人気で、ほとんどのアニメ雑誌の表紙を飾っていたくらいでした。そんな大人気作品に、およそ20年の時を経て参加できることになったので「嘘だろっ！」と。

――それくらいの驚きが。

下野▽ありましたね。「出演が決まりました」と教えてもらう前、スケジュール表に『劇場版SEED』というタイトルがあるのを見つけたんです。でも、「ガンダム」という言葉が入っていなかったし「まさかな」と思っていたのですが、そのまさかでした（笑）。

――『機動戦士ガンダムSEED FREEDOM（以下、FREEDOM）』では、ファウンデーションの宰相であるオルフェを演じました。彼の第一印象はどうでしたか？

下野▽最初こそ、そのビジュアルからかわいらしい感じのキャラクターなのかと思っていたら、実際は国の宰相として堂々とした語り口のキャラクターで。新興国であるファウンデーションという組織の中核にいる人物として余裕のある振る舞いを見せる一方で、キラに対して敵意を剥き出しにしてみたり、思い通りにいかないとイラついてみたりと、想像以上に感情豊かなキャラクターで驚きました。

オルフェはヤンキーよりももっと子供かもしれない

――福田己津央監督からはどのようなディレクションがありましたか？

下野▽基本設定として説明されたのは、ラクスが運命の人だと教え込まれていて、それをまったく疑うことなく大人になり、国の宰相としてここまでやってきた人物だと。オルフェからすれば、ラクスは本当に運命の人で、彼女と一緒に世界を導いていくという気持ちに何の疑いもない。

――なるほど。

下野▽ラクスに対しては「君は間違っている」と優しく諭したり、ときに甘く囁いてみたりしますよね。一方でキラは「ラクスをたぶらかす男」だと思っているので、ケチョンケチョンにしてやりたいと考えていて。「お前なんていらない」という、冷たさを超えた嫌悪感があるので、とてもきつく当たるんです。福田監督からは、そうしたオルフェの二面性を極端に表現してほしいと言われました。

――表現の幅を求められたのですね。

下野▽そうですね。あとは国の代表として指揮するときや、演説のシーンなどは堂々と演じてくださいと。

——オルフェの特徴をどのように捉えていますか?

下野▽あくまで僕自身の考えですが、キラへの嫌悪感が根底にあるキャラクターだと思っています。なぜラクスがキラのことをここまで信頼しているのか、そこに対する疑問や憤りに彼の人間性が出ている。表面上は大人に見えますが、よくよく考えて見たら「おい、俺のラクスに手を出すな!」と言っているだけ、というか。

——昔のヤンキーのような。

下野▽ヤンキーよりももっと子供かもしれないですね(笑)。だから、あれだけの嫌悪感をキラ本人に直接ぶつけられるのだろうなと。

——実際にラクスと対面して、オルフェは彼女に惹かれていたと思いますか?

下野▽僕の中ではそれはないと思っています。むしろ、ラクスがなぜ自分に惹かれないのか、と疑問に思っているはずで。オルフェはこれまでの人生で挫折したことなんてないはず。だから常に自分本位。ラクスの考えを受け入れようとする気持ちがひとつもない。僕の言う通りにするのが「正しい」という自信にあふれているわけです。

——これまで「運命」に従って生きてきて、それが正しいと教えられてきたわけですからね。

下野▽小さい頃からその考え方はひとつも変わっていないと思います。そうした子供っぽさが彼のデメリットではありますが、人間らしさにもつながっているかもしれません。

——決められた道が正しいと信じ込んで生きてきたがゆえに、想定しなかった事象が起きたときにうまく対処ができない、という描写が印象的でした。

下野▽面白いですよね。マニュアル通りに生きてきた人たちが、予想できないことにどう対処していくか。そこが大切なんだと思います。

オルフェは最後のシーンで初めてこれまでを振り返った

——イングリットは、オルフェに密かに想いを寄せています。オルフェはイングリットの気持ちに気づいていたのでしょうか?

下野▽まったく気づいていないと思います。ふたりの最後のシーンで「私には使命が……」とまだあきらめがついていないオルフェに対して、イングリットが「もういいのよ……オルフェ」と呼びかけるのですが、あそこで彼は人生で初めて立ち止まって、これまでを振り返ったんだと思います。ひとつも疑うことなく、信じた運命のままに突き進んできたわけですが、もっといろいろな人から情報をもらったり、どういう風に生きていけばいいのかを教えてもらったりしたほうがよかったのではないかと。

——最後の最後に。

下野▽オルフェがもし、ひとりの人間としてしっかり成長できるとしたら、あのときからだったと思います。もっと早く、自分の行いを省みることができていたら、また違った未来があったのではと思いますね。

——なるほど。オルフェとイングリットは残念ながらすれ違ってしまいましたが、ラクスとキラの関係に代表されるように『ＦＲＥＥＤＯＭ』のテーマとしては愛があると思います。

下野▽そうですね。ラクスとキラが語った自由とか愛はかたちがないものです。だから不安に思うし、実感することがなかなか難しい。でも、かたちがないからこそ、自分の中で経験して、積み重ねて実感していくことが大事で、誰かから教えてもらうものではないんですよね。自由と愛は、最終的に自分で見つけるしかないし、自分で深めていくしかない。それが大切なことだと思います。

——情報を知っているだけでなく、実際に体験することはＳＮＳ時代だからこそ重要かもしれませんね。

下野▽こういう場合はこうしましょうというお手本があるのは親切だし、わかりやすいですが、人生はマニュアル通りに解決できるものばかりではない。予想外の出来事がたくさんあります。僕も昔、キラキラする整髪料を髪につけて自転車を漕いでいたら、カラスに突かれ続けたことがありますから(笑)。経験しないとわからないことばかりです。

「ガンダムSEEDシリーズ」が持つパワーを体感してほしい

——では、最後にオルフェとして参加した下野さんの視点から『ＦＲＥＥＤＯＭ』の魅力について教えてください。

下野▽これまで「ガンダムＳＥＥＤシリーズ」に登場してきたキャラクターがほぼ勢ぞろいですので、お祭り感がある作品だと思います。「ガンダムＳＥＥＤシリーズ」を愛してこられた方にはぜひ見てもらいたいですし、初めての方には『ＦＲＥＥＤＯＭ』を通じて「ガンダムＳＥＥＤシリーズ」が持つパワーを体感してもらいたいです。一度見たら、ＴＶシリーズの『ＳＥＥＤ』と『ＤＥＳＴＩＮＹ』を絶対見たくなると思います。それくらいしっかりとした世界観と物語があり、その中で変化していくキャラクターたちの人間ドラマが楽しめるはずです。△

下野 紘(しもの・ひろ)

東京都出身。アイムエンタープライズ所属。
主な出演作に『鬼滅の刃』シリーズ(我妻善逸役)、
『僕のヒーローアカデミア』(荼毘役)、
『進撃の巨人』(コニー・スプリンガー役)などがある。

シン・アスカ役

鈴村健一

（すずむら・けんいち）大阪府出身。インテンション所属。
主な出演作は『鬼滅の刃』（伊黒小芭内）、『キャプテン翼』（若林源三）、『ドッグシグナル』（丹羽眞一郎）など。

――キャラクターの設定画を見たときの最初の印象を聞かせてください。また、TVシリーズでの成長・変化を踏まえて、今作ではどのようなことを意識して演じましたか？

鈴村▽キャラクターを見ても「そんなに変化はしていないな」というイメージでした。『機動戦士ガンダムSEED DESTINY』のときは怒りや憎しみを爆発させるシーンが多かったシン・アスカですが、もともとはとても素直な少年なんだと思います。福田己津央監督からもその素直な部分を出してほしいと言われたので、今回の劇場版ではより少年らしく演じるように意識しました。

――キャストの皆さんとのアフレコや休憩時のエピソードがあれば教えてください。

鈴村▽休憩中にムウ・ラ・フラガ役の子安武人さんに「あの頃のシン・アスカだね」と言われたことがとてもうれしかったです。キャラクターをキープできるかとても不安だったので、救われましたね。

――好きなシーンや印象に残ったシーンを教えてください。

鈴村▽やはり後半のシンが無双するあたりでしょうか。とても素直だからこそ、褒められたら力を発揮する姿がかわいくもありました。あと、久しぶりにデスティニーガンダムに乗れてよかったです。

――ご自身が演じたキャラクターを含めて「ガンダムSEEDシリーズ」で好きなキャラクターを理由とともに教えてください。

鈴村▽ムウ・ラ・フラガが好きですね。とても頼れるお兄さんという感じで「あんな大人になれたらかっこいいなぁ」なんて思える、そんなキャラクターでした。じつは『機動戦士ガンダムSEED DESTINY』でシン・アスカを演じていた頃の僕はムウと同じくらいの歳でしたが、あんな大人にはなっていませんでしたし、今もあんなに飄々としてはいられません（笑）。△

ルナマリア・ホーク役

坂本真綾

（さかもと・まあや）東京都出身。フォーチュレスト所属。
主な出演作は『桜蘭高校ホスト部』（藤岡ハルヒ）、『黒執事』（シエル・ファントムハイヴ）、『〈物語〉シリーズ』（忍野忍／キスショット・アセロラオリオン・ハートアンダーブレード）など。

――キャラクターの設定画を見たときの最初の印象を聞かせてください。また、TVシリーズでの成長・変化を踏まえて、今作ではどのようなことを意識して演じましたか？

坂本▽懐かしいな、変わっていないなと思いました。TVシリーズから2年後を描いた物語になっていますが、ルナにとっては2年、私にとっては20年ということで、その差を埋められるのか少し不安がありました。それでもとにかく、変わらないルナというのを目指してやってみようと思いました。

――キャストの皆さんとのアフレコや休憩時のエピソードがあれば教えてください。

坂本▽アフレコは何グループかに分かれて少人数ずつ行われました。TVシリーズから登場しているキャラを担当する人にとっては昔の自分をトレースする難しさがあり、新キャラを担当する方には確立された世界観の中で新たに作り上げる難しさがあって、それぞれに向き合う姿が印象的でした。休憩中にアグネス役の桑島法子さん、ヒルダ役の根谷美智子さんとおせんべいを食べながら他愛もない話をした時間が、まったりして居心地がよかったです。

――ご自身が演じたキャラクターを含めて「ガンダムSEEDシリーズ」で好きなキャラクターを理由とともに教えてください。

坂本▽どのキャラもそれぞれ強烈でした。登場するキャラクターが多いのに、それぞれの個性が濃くて複雑な人間関係があり、それを追っているだけで楽しかったです。△

桑島法子

アグネス・ギーベンラート役

(くわしま・ほうこ) 岩手県出身。青二プロダクション所属。主な出演作は『機動戦艦ナデシコ』(ミスマル・ユリカ)、『宇宙戦艦ヤマト2199』(森雪)、『犬夜叉』(珊瑚)など。

――キャラクターの設定画を見たときの最初の印象を聞かせてください。また、実際に演じるうえで、どのようなことを意識しましたか?

桑島▽髪色のイメージも相まって、気が強そうで、トラブルメイカーになりそうな女子だなと思いました。監督が「あまりふしだらにはしたくない」とおっしゃられたのと「フレイを彷彿とさせる女の子にしたい」という説明をいただき、とはいえ、まったくの別人なので、演技で寄せるというよりは、私が演じることで、見ている皆さんに感じ取っていただける「何か」を期待して演じました。

――キャストの皆さんとのアフレコや休憩時のエピソードがあれば教えてください。

桑島▽アグネスはルナマリアの同期で彼女との絡みが主なので、分散収録も、ルナマリア役の坂本真綾ちゃんと一緒の日に録れるようにご配慮いただきました。2回に分けての収録だったので、真綾ちゃんに2回会えてうれしかったです。2回目のときは、ヒルダ役の根谷美智子さんやイングリット役の上坂すみれちゃんともご一緒できて、みんなで録っている感じがうれしかったです(孤独な人かっ?)

――好きなシーンや印象に残ったシーンを教えてください。

桑島▽やはり、いちばんワクワクしたのは「アグネス・ギーベンラート、ギャン、出ます」のところです。パイロットの醍醐味としてうれしいものですね。印象的なというか、難しかったのは、アグネスがキラに感情的に想いをぶつけるシーン。やりすぎてもいけなくて、加減を探りながら何度か録り直しました。あと、エンディングのラクスのひとり語りも好きですね。

――ご自身が演じたキャラクターを含めて「ガンダムSEEDシリーズ」で好きなキャラクターを理由とともに教えてください。

桑島▽自分が演じたキャラクターはみんな好きです。かわいそうだったり、いろいろですが。そしてキャラクターの関係性で言うと、マリューさん&ムウさんにはたくさんお世話になったので大好きなふたりです。あと、ノイマンとか(笑)。最初の『機動戦士ガンダムSEED』のキャラクターのほうが思い出されるのは、年季?(笑)。『機動戦士ガンダムSEED DESTINY』は、ステラが中盤で逝ってしまったので、そのあとの記憶が……。△

根谷美智子

ヒルダ・ハーケン役

(ねや・みちこ) 福井県出身。フリー。主な出演作は『交響詩篇エウレカセブン』(タルホ・ユーキ)、『〈物語〉シリーズ』(臥煙遠江)、『SHAMAN KING』(道潤)など。

――キャラクターの設定画を見たときの最初の印象を聞かせてください。また、TVシリーズでの成長・変化を踏まえて、今作ではどのようなことを意識して演じましたか?

根谷▽カッコいい姉御! ハッキリした物言いですが、一緒に戦う仲間のことは大切に考えていると思うので、強いだけじゃない雰囲気も出せたらいいなぁと。

――キャストの皆さんとのアフレコや休憩時のエピソードがあれば教えてください。

根谷▽まさかまたヒルダに会えるとは思っていなかったので、懐かしさとうれしさでいっぱいでした。20年振りとあって、スタジオで「ああだった、こうだった」と情報を確認し合えたのも楽しかったです。

――好きなシーンや印象に残ったシーンを教えてください。

根谷▽三位一体だったマーズとヘルベルトがいなくなっちゃったのは「えーっ!」でした。かなり寂しい……。ジェットストリームアタックはどうなる!?

――ご自身が演じたキャラクターを含めて「ガンダムSEEDシリーズ」で好きなキャラクターを理由とともに教えてください。

根谷▽ヒルダとしては、やっぱりラクスさま! △

マリュー・ラミアス役
エザリア・ジュール役
ピンクハロ役

三石琴乃

（みついし・ことの）
フリー。主な出演作は『美少女戦士セーラームーン』（月野うさぎ／セーラームーン）、『新世紀エヴァンゲリオン』（葛城ミサト）、『呪術廻戦』（冥冥）、『ONE PIECE』（ボア・ハンコック）など。

――久しぶりの「ガンダムSEED」の世界、劇場版を収録してのお気持ちはいかがですか？

三石▽久しぶりの『機動戦士ガンダムSEED』の世界はうれしい反面、またもや試練の道に踏み出すエネルギーが必要でした。ファンの方たちと同じく、長きにわたり待ち続けた「ガンダムSEEDシリーズ」の劇場版。天国でいろいろと意見しているであろう脚本家・両澤千晶さんの想いをしっかりと受け止めたいと思いました。

　両澤さんとは『新世紀GPXサイバーフォーミュラ』からのご縁で「ガンダムSEEDシリーズ」のTVアニメ制作の頃、収録後に福田監督も一緒に日本蕎麦屋さんに行きました。子供たちを育てるお母ちゃんでありつつ、戦争や宗教のことを深く勉強されていて驚いたことを覚えています。『機動戦士ガンダムSEED DESTINY』のとき、面白いエピソードを考えていると言って、こっそり教えてくれたことがあります。ムウとバルトフェルドとマリューの三角関係！　今となっては幻となりましたが、大人チームの恋愛模様も見たかったですよね。

　今回の劇場最新作はメカも格好良いし、刹那的なキャラも魅力ですが、人と人の争いや憎しみの連鎖はどうしたら止まるのかという大きなテーマを皆さんに投げかけています。煩わしいことだし、自分には無関係だと思いたくなりますが、少しでも心がザラついたらキラ君たちの苦しみに思いを馳せてください。今まで「ガンダムSEEDシリーズ」を追い続けてくださり、本当にありがとうございました。△

ムウ・ラ・フラガ役

子安武人

（こやす・たけひと）神奈川県出身。ティーズファクトリー所属。
主な出演作は『ジョジョの奇妙な冒険』シリーズ（ディオ／DIO）、『新機動戦記ガンダムW』（ゼクス・マーキス）、『銀魂』（高杉晋作）など。

――キャラクターの設定画を見たときの最初の印象を聞かせてください。また、TVシリーズでの成長・変化を踏まえて、今作ではどのようなことを意識して演じましたか？

子安▽そんなにイメージが変わっていなくて、ホッとしたような寂しいような。完全に『機動戦士ガンダムSEED DESTINY』の続きなんだなという感じですね。そのため、演じるにあたっても、とくに変化を感じさせないような役作りを意識しました。僕たちの時間は結構経っていますけどね。そこは気合で！

――キャストの皆さんとのアフレコや休憩時のエピソードがあれば教えてください。

子安▽とくにはないですけれど、ムウのセリフを張り切りすぎて「そんなに頑張らなくていいよ」と言われたかな。なんかうれしかったんだよね、またムウに会えて。それでつい張り切っちゃった（笑）。

――好きなシーンや印象に残ったシーンを教えてください。

子安▽アフレコして思ったんだけど、出番は多くないんだよね。やっぱり新キャラがいるから仕方ないけど、もっと活躍したかったな。でも、活躍しすぎると退場させられちゃうかな（笑）。だから、これぐらいでいいです。俺の少ない活躍を見てください。

――ご自身が演じたキャラクターを含めて「ガンダムSEEDシリーズ」で好きなキャラクターを理由とともに教えてください。

子安▽僕はオーディションのときからムウ・ラ・フラガを演じたかったので、それ以外は考えられませんね。その上、ネオ・ロアノークとして仮面を被らせてもらって、敵キャラもやらせてもらったし、こんなに恵まれたキャラクターはいないんじゃないかな。監督とファンに感謝ですよ。愛されているな、ムウ・ラ・フラガって。△

アレクセイ・コノエ役

大塚芳忠

（おおつか・ほうちゅう）岡山県出身。クレイジーボックス所属。主な出演作は『NARUTO』（自来也）、『機動戦士Zガンダム』（ヤザン・ゲーブル）、『北斗の拳』（シュウ）など。

―キャラクターの設定画を見たときの最初の印象を聞かせてください。また、実際に演じるうえで、どのようなことを意識しましたか？

大塚▽今回演じさせていただいたアレクセイは飄々としているが、なかなかの切れ者という設定。そしてとっても若い……。収録ではその若さに苦労もしましたが、久々の「ガンダム」をたっぷり堪能させていただきました。

―キャストの皆さんとのアフレコや休憩時のエピソードがあれば教えてください。

大塚▽音響監督である藤野（貞義）さんとはもう40年近いお付き合い。「ガンダム」関係のお仕事で必ず年に何度かお会いしますが、仕事を終えたあとのちょっとした語らいが楽しくて。今回も近況はもちろん、お互いの体調のことなど、歳を重ねた男ふたりだからこその話が尽きない。人生の中でこういう一生のお付き合いができるきっかけも「ガンダム」が作ってくれたものだなぁと、思いを新たにした収録でした。

―好きなシーンや印象に残ったシーンを教えてください。

大塚▽既存の登場人物たちが再結集し、最後の戦いに向けていよいよ褌（ふんどし）を締めてかかるシーン。見ていて小気味よいと言いますか、これはいい作品だなと思いました。前作から20年近い長い年月を経て、こうして新たな物語が紡がれていくことの素晴らしさを痛感しております。

―ご自身が演じたキャラクターを含めて「ガンダムSEEDシリーズ」で好きなキャラクターを理由とともに教えてください。

大塚▽アンドリュー・バルトフェルドというキャラクターです。表面的な見え方に囚われない、それでいて軍人然とした側面も併せ持つ男。その立場は時代とともに変遷していきますが、若人の成長を促す大人として見ても、素敵な男だなと思っています。△

アルバート・ハインライン役

福山潤

（ふくやま・じゅん）大阪府出身。BLACKSHIP所属。主な出演作は『コードギアス 反逆のルルーシュ』（ルルーシュ・ランペルージ）、『暗殺教室』（殺せんせー）、『吸血鬼すぐ死ぬ』（ドラルク）など。

―キャラクターの設定画を見たときの最初の印象を聞かせてください。また、実際に演じるうえで、どのようなことを意識しましたか？

福山▽やや冷たい印象の表情で、自身の知力への自信からなのか、キツい物言いをしそうな人物として受け止めていましたが、細かい設定を拝見して、設定画から受ける印象は間違いではないと感じました。意識したのは、拝見した設定に加えて、監督からの要望を完遂することでしょうか。

―キャストの皆さんとのアフレコや休憩時のエピソードがあれば教えてください。

福山▽収録は前半、後半と日を置いて2日間にわたって行われたのですが、難しい言葉のセリフがあるので「あんまりそういうのが多くないといいなぁ」とポソっと呟いたら「いや、絶対後半にはもっと大変なのがあるよ」といじられるくらいは、初参加でも楽しい雰囲気で収録できました。

―好きなシーンや印象に残ったシーンを教えてください。

福山▽ラクスにまるで騎士のように畏ってオペレートするシーンですね。短いシーンですがキャラ性が全面に出ていて好きです。

―ご自身が演じたキャラクターを含めて「ガンダムSEEDシリーズ」で好きなキャラクターを理由とともに教えてください。

福山▽うわぁ、ムズイっすね！ ムズイ！ ムズイので趣旨が外れますが、好きなシーンだったら『機動戦士ガンダムSEED』でラクスがキラに「今のあなたには必要な力だと思いましたの」と言ってフリーダムを渡すシーンは好きです。△

アーサー・トライン役

高橋広樹

（たかはし・ひろき）東京都出身。マック・ミック所属。
主な出演作は『家庭教師ヒットマン REBORN！』（スクアーロ）、『テニスの王子様』（菊丸英二）、『金色のガッシュベル!!』（パルコ・フォルゴレ）など。

――キャラクターの設定画を見たときの最初の印象を聞かせてください。

高橋▽初めて設定画を見たのが20年近くも前になるということに驚きです。その中にはおどけた表情や驚いた表情もバリエーションとしてあったと思いますが、基本は将校・士官としてのたたずまいのはずで……。なので、本編であれほど頻繁に驚いた表情が出てくるとは、思いもよりませんでした。今回のアーサーはいつも通りの様子でしたので、私もいつも通りやらせていただきました。

――キャストの皆さんとのアフレコや休憩時のエピソードがあれば教えてください。

高橋▽監督から「覚えていますか？」と聞かれたことが、時間の流れを感じる出来事でした。「もちろん、覚えています」とお答えしましたが、あれ？ ちゃんと声に出ていたでしょうか……。以前に本編の後日談のようなエピソードをボイスドラマで演じさせていただいたこともありましたし、今回もこうしてアーサーを演じる機会を与えてくださった、すべての方に感謝です。それとケータリングで美味しいものをたくさん用意していただいて、ありがたくご馳走になりました。感謝です。

――好きなシーンや印象に残ったシーンを教えてください。

高橋▽宇宙空間の風景や整備エリアが点描される中で、状況説明や指示の声が長ゼリフとして聞こえてくるシーンは、ならではの部分なのかなと思いました。難しい言葉や日常では聞き慣れない言葉が多く含まれるので、作品の雰囲気を直感的に味わえるのではないでしょうか。その中の一部をアーサーも担当させていただきましたが、やはり懐かしかったですね。「えぇーっ」というセリフとともに「『ガンダム』の収録に来てるなぁ」と感じる部分です。

――ご自身が演じたキャラクターを含めて「ガンダムSEEDシリーズ」で好きなキャラクターを理由とともに教えてください。

高橋▽自分が演じているキャラクターが、やはりいちばんの推しになりますね。とくに物語の核に関わることはないのですが、なんというか「いるだけでいい」みたいな存在って逆にありがたいですよね。いつまでもみんなの緩衝材になっていてほしいです。今回はブリッジに自分用の椅子が確保されているようで、なんかよかったです。とはいえ、ミネルバのときのようにタリア艦長の横にジッと立っている彼の姿も、なんというか、愛おしかったりもします。△

カガリ・ユラ・アスハ役

森なな子

（もり・ななこ）福岡県出身。マウスプロモーション所属。
主な出演作は『キラキラ☆プリキュアアラモード』（剣城あきら／キュアショコラ）、『やがて君になる』（児玉都）、『メガロボクス』（白都ゆき子）など。

――キャラクターの設定画を見たときの最初の印象を聞かせてください。また、実際に演じるうえで、どのようなことを意識しましたか？

森▽『機動戦士ガンダムSEED』『機動戦士ガンダムSEED DESTINY』の頃に比べて少し大人っぽくなった印象がありました。オーブ代表首長の装いも格好良くてとても似合っていますよね。演じるうえでは前作からの時間経過と、代表首長という立場を常に意識していましたが、キラのことでついカッとなってしまったり、ハレンチな妄想と聞いてぷんぷんしちゃうところは、感情を制御できないくらいがカガリらしいのかなと思って演じました。

――キャストの皆さんとのアフレコや休憩時のエピソードがあれば教えてください。

森▽はじめに福田己津央監督、藤野貞義音響監督の前でカガリを演じて、OKをいただけてホッとしたのを覚えています。アフレコ時は緊張しっぱなしで、作品を一から作り上げてこられた先輩キャストの皆さんのお芝居とその場の空気感みたいなものに乗り遅れないように必死でした。収録の都合でカガリの出番がわりと早めに終わった日があったのですが、こっそり残って皆さんのお声を聞いていました。

――好きなシーンや印象に残ったシーンを教えてください。

森▽後半のアスランとカガリのやりとりはクスッと笑えますよね。「ハレンチな妄想」に大ダメージを喰らっているシュラが不憫でならなかったです。そのあとにアスランが放つ言葉（編注：強さは力じゃない！ 生きる意志だ!!）に勇気をもらいました。

――ご自身が演じたキャラクターを含めて「ガンダムSEEDシリーズ」で好きなキャラクターを理由とともに教えてください。

森▽『機動戦士ガンダムSEED』のナタル・バジルールさんです。本当に強い人だと思います。私だったらあそこまでやりきれる自信はないです。彼女の最期は忘れません。あと、これは役者目線になってしまうのですが、フレイとの会話（編注：桑島法子さんの二役）も本当にすごいなぁと思って見ていました！△

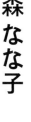

chapter.04 | CAST INTERVIEW 15

メイリン・ホーク役

折笠富美子

（おりかさ・ふみこ）東京都出身。アトミックモンキー所属。主な出演作は『BLEACH』（朽木ルキア）、『スイートプリキュア♪』（南野奏／キュアリズム）、『電脳コイル』（小此木優子）など。

――キャラクターの設定画を見たときの最初の印象を聞かせてください。また、TVシリーズでの成長・変化を踏まえて、今作ではどのようなことを意識して演じましたか？

折笠▽最初の印象は「大人になったー！」でした。いろいろなことを乗り越えて経験値が上がってメイリンの心情はどんな風に変わったのか、そして変わらない部分はどこか……台本の中に探していました。状況や人を受けとめる包容力みたいなものの強さは増したのではないかしら……。そして、乙女心は健在だと思いました（笑）。

――キャストの皆さんとのアフレコや休憩時のエピソードがあれば教えてください。

折笠▽ハロがたくさんいるシーンがあるのですが、収録前に「ヒゲのハロ？」「子安さんがハロを？」ってお話していたらなんと『∀ガンダム』のオマージュでした（編注：子安さんはギム・ギンガナム役で出演）。スタジオにいたみんなが笑顔になったヒゲのハロのひと声！ 心鷲づかみなキュートさでございました（笑）。

――好きなシーンや印象に残ったシーンを教えてください。

折笠▽登場する女性キャラクターが、みんな芯が強いところが好きです。そして成熟していく人はしなやかさも併せ持っていて美しいと思います。キラのもとへ行くためにラクスがマリューに出撃許可を願うシーンとか……。凛とした愛がいいですね。

――ご自身が演じたキャラクターを含めて、「ガンダムSEEDシリーズ」で好きなキャラクターを理由とともに教えてください。

折笠▽もちろん、メイリンです！ 軍人ではありますが、作品の中でいちばんと言っていいくらい普通の女の子なところが好きです。あと……ステラ・ルーシェ。ふわふわ儚げな雰囲気なのに、一方で尋常じゃない能力を持つ、そのギャップが魅力的だと思います。メイリンにはないものをいっぱい持っていて真逆な感じに惹かれます。

△

chapter.04 | CAST INTERVIEW 16

トーヤ・マシマ役

佐倉綾音

（さくら・あやね）東京都出身。青二プロダクション所属。主な出演作は『僕のヒーローアカデミア』（麗日お茶子）、『五等分の花嫁』（中野四葉）、『ご注文はうさぎですか？』（ココア）など。

――キャラクターの設定画を見たときの最初の印象を聞かせてください。また、実際に演じるうえで、どのようなことを意識しましたか？

佐倉▽敵なのか？ 味方なのか？ 穏やかそうに見えるけれど、この子の信念や目的は何だろう？と興味を惹かれました。

――キャストの皆さんとのアフレコや休憩時のエピソードがあれば教えてください。

佐倉▽「あまり賢くなりすぎず、未完成で成長過程にある、ということを表現してほしい」といったディレクションがありました。青年ではなく少年であり、聡（さと）さはあるものの幼さを残すお芝居を手がかりに演じました。

――好きなシーンや印象に残ったシーンを教えてください。

佐倉▽カガリとトーヤのやりとりのシーンは、姉弟のようで、優秀な上司と部下のようでもあり、未来を感じさせる期待をはらんでいたのが印象的でした。

――ご自身が演じたキャラクターを含めて「ガンダムSEEDシリーズ」で好きなキャラクターを理由とともに教えてください。

佐倉▽イザークです。昔から色素の薄い長めの髪に弱いので、第一印象から大好きだったのですが、関（智一）さんの冷静と激情を行き来するお芝居でさらに惹き込まれました。

△

柳沢三千代

エリカ・シモンズ役

（やなぎさわ・みちよ）大阪府出身。青二プロダクション所属。はんなりラヂオ代表。
主な出演作は『それいけ！アンパンマン』（カレーパンマン）、『機動戦士Vガンダム』（エリシャ）、『悪魔くん』（埋れ木エツ子）、『フイチンさん』（フイチン）、『罠の戦争』（ナレーション）など。

――キャラクターの設定画を見たときの最初の印象を聞かせてください。

柳沢▽クールなイメージと優しさ、その両方を感じました。最初の出番である『機動戦士ガンダムSEED（以下、SEED）』の第27話は、放送開始から3クール目の初回。前半を振り返る役目を担っていたと思います。半年経っての参入で不安もありましたが、世界観を壊さないよう、淡々と語りかけることを心がけました。意識したのは①技術者としての頭脳、②子のある家庭人としての顔、③組織人としての責務、その3つの側面でした。

――キャストの皆さんとのアフレコや休憩時のエピソードがあれば教えてください。

柳沢▽『機動戦士ガンダムSEED FREEDOM（以下、FREEDOM）』では、エリカの登場は僅かでしたが、中盤のキラとアスランのバトルシーン、福田監督の細やかな演出で変化していくふたりをドキドキしながら見守っていました。本編でも、BGMのないそのシーンはアフレコ時の熱さそのままでした。

――好きなシーンを教えてください。

柳沢▽①『SEED』第40話のラストシーン。ウズミがカガリに写真を渡す場面。「そなたの父で幸せであったよ」と扉を閉めるところから涙が止まりません。フリーダムが手を伸ばしてクサナギをキャッチし、ジャスティスと手をつなぐところまで震えっぱなし。②『機動戦士ガンダムSEED DESTINY（以下、DESTINY）』第40話、ウズミの遺言とアカツキ発進のシーン。届かなかったウズミの願いと、遺されていた深い愛。「ORB-01 アカツキ システム起動、発進どうぞ」に祈りを込めました。

――「ガンダムSEEDシリーズ」で好きなキャラクターを教えてください。

柳沢▽先でも触れていますが、ウズミ・ナラ・アスハ様。優しく穏やかな語り口調、決断を下すときの強さ、父としての愛の深さ。引き際も格好良すぎ。とてつもなく大きな人。個人的にはお髭も好き。エリカも、感情を表には出さずとも心から尊敬していたと思います。それと、ひそかに『DESTINY』のユウナにもはまっています。「カガリ～…僕だよぉ」。アホ過ぎて憎めない、皆をイラっとさせる、鼻に抜けた能天気な語尾。悲劇のユウナおぼっちゃま。のじけん（野島健児さん）最高！△

笹沼 晃

ディアッカ・エルスマン役

（ささぬま・あきら）東京都出身。アーツビジョン所属。
主な出演作は『ヘタリア』（オーストリア）、『RAVE』（ユリウス・レイフィールド）、『異世界のんびり農家』（グラッツ）など。

――キャラクターの設定画を見たときの最初の印象を聞かせてください。また、TVシリーズでの成長・変化を踏まえて、今作ではどのようなことを意識して演じましたか？

笹沼▽「イザーク隊副隊長・大尉」と記載があって、今回階級がついて良かったです（笑）。相変わらずイザークの相方でいるという空気感が出せればと。

――キャストの皆さんとのアフレコや休憩時のエピソードがあれば教えてください。

笹沼▽収録終わりにイザーク役の関 智一さんに「作中は相方なんだから一緒に写メ撮ろう」と言って撮ってもらいました。

――好きなシーンや印象に残ったシーンを教えてください。

笹沼▽デュエル、バスターがミーティアとドッキングしてから発進するまでの一連のシーンです。あと、ジャスティスがズゴックに擬態!!!

――ご自身が演じたキャラクターを含めて、「ガンダムSEEDシリーズ」で好きなキャラクターを理由とともに教えてください。

笹沼▽フレイ、ナタル、ステラ、アグネス、ミーア、みんな不憫すぎるよ。△

シュラ・サーペンタイン役

中村悠一

（なかむら・ゆういち）香川県出身。インテンション所属。主な出演作は『呪術廻戦』（五条悟）、『機動戦士ガンダム00』（グラハム・エーカー）、『魔法科高校の劣等生』（司波達也）など。

——キャラクターの設定画を見たときの最初の印象を聞かせてください。また、実際に演じるうえで、どのようなことを意識しましたか？

中村▽今までの「ガンダムSEEDシリーズ」のデザインとは少し毛色が違う印象を受けました。とはいえ、そんなにシリーズのことに詳しいわけではないので感覚的な話です。演じる際に監督から「少年感が少しほしい」といったニュアンスの指示をいただいたので、意識しつつ、周りのキャラクターとのバランスなどを大事にしました。

——キャストの皆さんとのアフレコや休憩時のエピソードがあれば教えてください。

中村▽ラストシーンでの演出が、おそらく唯一時間をかけてリテイクを重ねたシーンだと思います。監督のこだわりをできるだけかたちにできるよう、いろいろな引き出しからトライさせていただきました。

——好きなシーンや印象に残ったシーンを教えてください。

中村▽アグネスに「来るかい？」というシーンが、『機動戦士ガンダム 逆襲のシャア』でのシャアとクェスのシーンを想起させてテンションが上がりました。

——ご自身が演じたキャラクターを含めて、「ガンダムSEEDシリーズ」で好きなキャラクターを理由とともに教えてください。

中村▽レイ・ザ・バレルが好きですかね。関（俊彦）さんのお芝居と声が大好きなので!! △

イングリット・トラドール役

上坂すみれ

（うえさか・すみれ）神奈川県出身。ボイスキット所属。主な出演作は『うる星やつら』（ラム）、『私の百合はお仕事です！』（綾小路美月）、『時々ボソッとロシア語でデレる隣のアーリャさん』（アリサ・ミハイロヴナ・九条）など。

——キャラクターの設定画を見たときの最初の印象を聞かせてください。また、実際に演じるうえで、どのようなことを意識しましたか？

上坂▽まずは、とにかく美人さんすぎて、ひと目惚れしました!! そして劇場版の新キャラクターの中でいちばん陰がありそうな雰囲気が気になりました。実際に演じてみると、やはりオルフェへの報われない想いに苦しんでいてせつなかったです。「オルフェとラクスが結ばれることが正しい」と自分に言い聞かせながらも、ラクスからの言葉で心の氷がだんだん溶けていき、むきだしになりそうな自分の感情にまた戸惑ってしまう……。イングリットの気持ちの変化を感じ取りながら収録に挑みました！

——キャストの皆さんとのアフレコや休憩時のエピソードがあれば教えてください。

上坂▽分散収録ではあったのですが、後半のルナマリアとアグネスの掛け合いのシーンをブースで拝見させていただき、とてもテンションが上がってしまいました……!! モビルスーツに乗りながらの女子ふたりのバチバチ（物理的にも）がすごかったです。アグネス、いいことありますように……！

——好きなシーンや印象に残ったシーンを教えてください。

上坂▽カルラに搭乗してオルフェについていくイングリットがやはり印象深いです。ラクスの愛を必要としてあきらめないオルフェに最後までついていけるのはイングリットだけだと思います……！「必要だから愛するのではなく、愛しているから必要なのです」というラクスの言葉が心に残ります。

——ご自身が演じたキャラクターを含めて、「ガンダムSEEDシリーズ」で好きなキャラクターを理由とともに教えてください。

上坂▽『機動戦士ガンダムSEED』は、大人になって「ガンダム」作品をいろいろ見るようになってから入門しました。好きなキャラクターはたくさんいますが、マリューさん推しです！ 最初の「大人の女性！ かっこいい！」という印象からの、だんだん明らかになる等身大の女性の脆さや葛藤、さらに恋する乙女の表情……！と、いろいろな面が見られるのが素敵ですね。そして個人的に艦長キャラが好きなのもあります！「てーっ！」って言ってみたい……。 △

リデラード・トラドール役

福圓美里

(ふくえん・みさと)東京都出身。StarCrew所属。主な出演作は『天国大魔境』(ミミヒメ)、『デッドマウント・デスプレイ』(雷小幽)、『僕のヒーローアカデミア』(トガヒミコ)など。

——キャラクターの設定画を見たときの最初の印象を聞かせてください。また、実際に演じるうえで、どのようなことを意識しましたか?

福圓▽可愛いらしいけれどあきらかに癖のある表情に魅かれました。実際台本をいただいてからもほぼ最初の印象通りなトリッキーなキャラクターでしたが、ひとつ根底の部分を思い違いしていて。狂人や快楽主義者ではなく、非常に合理的で頭も回る。「優秀である」ということが彼女たちの中でとても大事なこと、というのが監督からの説明で見えてきましたのでそこを大事にしました。

——キャストの皆さんとのアフレコや休憩時のエピソードがあれば教えてください。

福圓▽前後に分けて2回アフレコがあったのですが、1回目はひとりで、2回目は松岡(禎丞)さんと利根(健太朗)さんと一緒に収録させていただきました。やはりお二人の声を聞いて生で掛け合っているとチームの空気感が出来上がっていくので、とても充実した時間でした。けれども……主役チームの声を生で聴きたかったという気持ちもあります(笑)。

——好きなシーンや印象に残ったシーンを教えてください。

福圓▽リデルが派手に笑うシーンが何回か出てくるのですが、台本の文字面通り「キャハハハハ」と笑ってほしいとご指示を受けたのが印象に残っています。屈託なく、女子高生のようなコロコロした笑いなのかな?と解釈して、キャの発音を大事にしつつ浅いところで笑いました。他のセリフもそうですが、何度も丁寧に録っていただきました。

——ご自身が演じたキャラクターを含めて「ガンダムSEEDシリーズ」で好きなキャラクターを理由とともに教えてください。

福圓▽ミーア・キャンベルが好きです。光と影だと影、不遇な運命のキャラクターに惹かれてしまいます。完璧なヒロインに姿を変えた女の子。なんて素敵な設定……。たまたま似てたのではなく整形なのもぐっときます。幸せに生きてほしかったな。

ダニエル・ハルパー役

松岡禎丞

(まつおか・よしつぐ)北海道出身。アイムエンタープライズ所属。主な出演作は『ソードアート・オンライン』(キリト)、『鬼滅の刃』(嘴平伊之助)、『東京リベンジャーズ』(三ツ谷隆)など。

——キャラクターの設定画を見たときの最初の印象を聞かせてください。また、実際に演じるうえで、どのようなことを意識しましたか?

松岡▽初めて設定画を見せていただいたとき、シャニ・アンドラス(編集:『機動戦士ガンダムSEED』に登場するキャラクター)が頭に浮かびました(笑)。目つきがかなり危なくて……。でも、「絶望している」というよりは「他者を見下していながらも達観している」という印象を受けたので、そこは演技に反映させていただきました。意識したのは、仲間以外はどうでもいいと思っている節回しですね。あきっぽく、めんどくさがり屋で、自然にけだるく演じさせていただきました。

——キャストの皆さんとのアフレコや休憩時のエピソードがあれば教えてください。

松岡▽隣に先輩の利根健太朗さん(リュー・シェンチアン役)がいたので、ふたりで『機動戦士ガンダムSEED』の話をすごくしていました(笑)。僕は中学生時代から見ているので、そのときから今までの熱い想いであったり、利根さんの熱いプライベートの話だったりと楽しい空間でアフレコできたので、とても良かったです。

——好きなシーンや印象に残ったシーンを教えてください。

松岡▽(他人を)見下すシーンが好きでした。見下しているけども、心底どうでもいいという感覚で(笑)。字面だけ見ると、とんでもないですけどね。戦闘シーンでも本当に「もう早く帰ろうぜー?」という感じが出ているので、楽しく見ていただけたらなと思います。

——ご自身が演じたキャラクターを含めて「ガンダムSEEDシリーズ」で好きなキャラクターを理由とともに教えてください。

松岡▽やっぱりフリーダムガンダムですかね……。フリーダムガンダムはもう出撃シーンから、地球に来たときの救い方やフルバースト。男の子の夢が詰まっていますよね……!あとはジェネシスも好きですね……。あれは最初に見たとき、鳥肌が立ちました……。「発射ー!」という号令から放つまでのシークエンス。このふたつのシーンは何回見たかわからないくらい見ましたねー!

リュー・シェンチアン役
利根健太朗

（とね・けんたろう）広島県出身。アイムエンタープライズ所属。主な出演作は『うたわれるもの 二人の白皇』（オシュトル〈ハク〉）、『新テニスの王子様 U-17 WORLD CUP』（ユルゲン・バリーサヴィチ・ボルク）『バクマン。』（服部哲）など。

――キャラクターの設定画を見たときの最初の印象を聞かせてください。

利根▽設定画を初めて見たときの率直な感想ですが、敵として登場し、初めのうちは余裕の笑みを浮かべながら主人公を窮地に追い詰めるも、最後にはパワーアップした主人公に圧倒され「バカな!? こんなはずでは!?」と叫びながら散っていきそうだな、と思いました。概ねその通りでした。演じる際には丁寧な言葉遣いとは裏腹な傲慢さ・蔑（さげす）みといった内面をいかに透けさせるかという部分を意識してみました。

――キャストの皆さんとのアフレコや休憩時のエピソードがあれば教えてください。

利根▽ダニエル役の松岡禎丞くんと収録が一緒だったのですが、彼からの「『機動戦士ガンダムSEED』、見てました？」から話がはずみ、当時テレビで見ていたときは声優でもなかったし、20年後にこうして作品に参加できるなんて思ってもみなかったね、などと感慨や思い出を語りました。収録前に福田己津央監督から『機動戦士ガンダムSEED』についての説明があった際に「大丈夫です！ 僕ら見てました！」という言葉に頼もしさを感じちゃいましたよ。ブラックナイトスコードの絆を感じてサムズアップです。

――印象に残ったシーンを教えてください。

利根▽戦闘、人間模様、名言の数々と見どころが多すぎて選べないのですが、デスティニーガンダムの登場シーンは心が震えました。いやぁ、やはりあのフォルムは最高にカッコいいですね。ブラックナイトスコードはやられてしまうわけですが、演じる身としてはデスティニーガンダムに倒されるなら本望です。ラクスがプラウドディフェンダーで発進するシーン、そしてフリーダムガンダムとの合体シーンも最高に熱い。あとはハレンチな妄想……ゲフンゲフン……。何でもないです。

――「ガンダムSEEDシリーズ」で好きなキャラクターを教えてください。

利根▽アンドリュー・バルトフェルドですね。彼のまとっている空気と言いますか、飄々とした自由気ままな生き方が好きでした。ときには冷徹に相手を倒す軍人としてのシビアな一面もあったりして、ギャップにまたシビレます。「死んだほうがマシというセリフは結構よく聞くが、本当にそうなのかねぇ？」は名言です。どんなことでも死ぬよりはマシだと思います。ちなみに僕はケバブにはチリソース派です。△

グリフィン・アルバレスト役
森崎ウィン

（もりさき・うぃん）ミャンマー出身。スターダストプロモーション所属。18年にスティーヴン・スピルバーグ監督の映画『レディ・プレイヤー1』でハリウッドデビューを果たす。近年の出演作に、NHK大河ドラマ『どうする家康』（23）、ミュージカル『SPY×FAMILY』（23）など。

――キャラクターの設定画を見たときの最初の印象を聞かせてください。また、実際に演じるうえで、どのようなことを意識しましたか？

森崎▽まずスタッフの方々からたくさんのキャラクターに関する資料をいただき、画のデータと照らし合わせながら「何だ、これは!?」と興奮しながら台本を読みました。演じるうえでは、音としてセリフをマイクに乗せることを大事にしました。僕は声優さんほど声のバリエーションが多くないので、それを理解してセリフの最後の音を強く出すようにしましたね。

――キャストの皆さんとのアフレコや休憩時のエピソードがあれば教えてください。

森崎▽じつは僕がアフレコするときは皆さんの声がすべて入った状態でやらせていただきました。福田己津央監督からは「とことんやってくれ」と言われたので、SEの音に負けないように、大げさに声を乗せることを心がけました。途中、グリフィンが上から目線で言うセリフがあるのですが、一生懸命すぎると余裕がなくて逆に弱く見えてしまうと言われ、なるほどなと思いました。あと、声を収録したあとで絵を描き直したりもするから、尺はあまり気にしなくていいと言われたのも印象的でしたね。

――好きなシーンや印象に残ったシーンを教えてください。

森崎▽ラクスが愛を語っている長ゼリフのラストシーンは好きですね。ここのセリフはミャンマーにいる家族に聞かせてあげたいです。どんなに小さなことでも、口に出して相手に伝えるって大事なんですよね。遠く離れた場所に家族や友人、大切な人がいる方にはとくに響く言葉がたくさん詰まっているんじゃないかと思います。

――ご自身が演じたキャラクターを含めて、「ガンダムSEEDシリーズ」で好きなキャラクターを理由とともに教えてください。

森崎▽「ガンダムSEEDシリーズ」ではないのですが、『機動戦士Zガンダム』のカツ・コバヤシが好きですね。「自分もやりたい！ 自分もやれるんだ」って周囲に噛み付いてしまうところがかわいいなと思います。あとカミーユ・ビダンも好きです。クワトロ大尉を殴るときに「そんな大人、修正してやる！」と言うのですが、このセリフがとても深いなと。△

アウラ・マハ・ハイバル役

田村ゆかり

（たむら・ゆかり）福岡県出身。アミュレート所属。
主な出演作は『魔法少女リリカルなのは』（高町なのは）、『HUGっと！プリキュア』（ルールー・アムール／キュアアムール）、『ひぐらしのなく頃に』（古手梨花）など。

——キャラクターの設定画を見たときの最初の印象を聞かせてください。また、実際に演じるうえで、どのようなことを意識しましたか？

田村▽最初にキャラクターを見た時は、小さな女の子だなぁという印象だったのですが、設定や台本を見ると高貴な雰囲気で偉い人っぽかったので、どう演じたらいいんだろうと結構悩みました。アフレコ当日スタジオで、監督から見た目通りに子供っぽく演じていいと指示をいただいて、自分が思っていた方向と違っていたので、お話が聞けてよかったぁと思いました（笑）。

——キャストの皆さんとのアフレコや休憩時のエピソードがあれば教えてください。

田村▽感染症対策でシーンごとにかなり区切って収録されていたので、ロビーで待ってる時間が結構あったのですが、差し入れのお菓子の量が・・半端ない・・と思いました（笑）。食べてばっかりで申し訳なかったです。自分の出番になったら張り切って演じるんだ！と意気込んでいたのですが、割と緊張してしまいアワアワしてしまいました。

——好きなシーンや印象に残ったシーンを教えてください。

田村▽全体的な話になってしまうのですが、セリフひとつひとつが舞台のお芝居のように映えていてとてもここちいいなと思いました。後半のイングリットとキラの愛に関するやりとりが特に好きです。私もこんな風に強く誰かに愛されてみたいです（笑）。

——ご自身が演じたキャラクターを含めて「ガンダムSEEDシリーズ」で好きなキャラクターを理由とともに教えてください。

田村▽アグネスちゃんがとても人間味があって好きです。キラに対して気持ちをぶつけるシーンがあるのですが、いじらしくもありいじましくもあり・・（笑）。でも私はこのくらい人間らしい子のほうが見ていて清々しいなと思うので憎めないな、好きだなと思いました。△

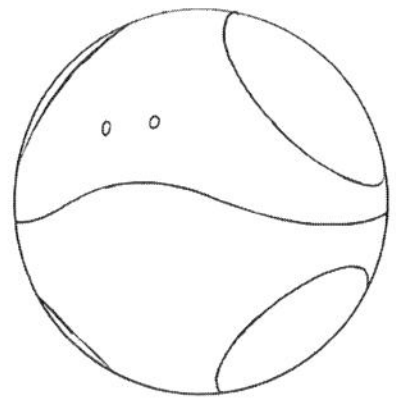

監督 **福田己津央**

[DIRECTOR] MITSUO FUKUDA

TVアニメの放送スタートからおよそ20年。
ついに完成した『機動戦士ガンダムSEED FREEDOM』は、キラとラクスにスポットを当てた作品となった。
愛における「資格」と「価値」の物語を構築するうえで意識したこととは？
監督・福田己津央が本作の根幹とその演出について語る。

大きなテーマは、愛における「資格」と「価値」

――『機動戦士ガンダムSEED FREEDOM（以下、FREEDOM）』におけるコンセプトを聞かせてください。

福田▽大きなテーマは愛における「資格」と「価値」、そのふたつです。そのうえで、作画的なテーマとしてはCGの有効活用もありました。

――物語としては、キラとラクスの関係性が中心になっているように思います。『機動戦士ガンダムSEED DESTINY（以下、DESTINY）』では達観しているように見えたふたりが、弱さも憤りもあらわにして、感情的に描かれていますね。

福田▽すでに大きな絆があるものとして描かれてきた彼らには本来、これ以上のドラマはないんです。ただ、今の時代にあった「資格」と「価値」を体現するにあたっては、ふたりの存在が必要だった。キラとラクスの関係性に、さまざまな物語を収束させることを考えたわけです。

――中でも、ふたりの愛情にスポットが当たっています。

福田▽愛情はね、ふたりの間には昔からあります。ただ、いろいろ心に抱えているものが互いに多すぎて、それに縛り付けられている。そこからどうやって彼らが自由を獲得していくのか、その「資格」と「価値」を探るのが今回の物語ですね。

――ふたりがすれ違い、距離が生じる部分も印象的です。

福田▽冒頭の自宅のシーンから、じつはすれ違いを表しています。あの家は、そもそもキラとラクスっぽくないでしょう？ 見晴らしの良い邸宅だけど、ああいう場所を好む人たちではない。

――確かに、マルキオ導師とともに身を隠していたときの家のほうがイメージに合いますね。

福田▽環境的にも自然の中にいたほうがいいし、あそこに住んでいるならそもそもバイクには乗らない。つまり、ふたりは自分の適した場所に軸足を置けていない。そんな居心地の悪さや違和感から生じた隙を、ファウンデーションに狙われるのが本作の前半ですね。

――自宅の大きさからも、そうしたふたりの距離感や疎外感が示されていると。

福田▽たとえば、ラクスがキラの帰りを待ちながら作っている大量の料理。これがやたらと揚げ物ばかりで油っぽい。つまり、嫌がらせなんですよ（笑）。

――（笑）。仕事から帰ってこないキラに対する。

福田▽それで「久々に帰ってくるのでしたら、これくらいお食べになるでしょう？」と。昔からラクスにはそういう一面があって、かつての婚約者であるアスランにも伝わっていると思うけれど、手法としてはかなりわかりづらい。

――キラ自身もそういったラクスのスト

レスに気づいているわけですよね？

福田▽そうですね。ふたりとも、静かに暮らしたい人たちなので。だけど、いろいろなものを背負わされて、やりたくないことをやらされている。貧乏ではないけれど、心は満たされていない生活でしょうね。

キラと同等の力を持つ者として登場させたオルフェ

――そのふたりの新たな障害として、オルフェというキャラクターが登場します。

福田▽キラに対抗できて、さらにコンパスを追い詰めるだけの敵として考えました。映画の冒頭にデストロイを登場させたのも理由があり、巨大モビルスーツやモビルアーマーではキラやシンたちの敵にはならない、という宣言ですね。だから早々に潰させました。

――なるほど。

福田▽そのうえで敵対できるとするならば、やはりキラと同等の力を持つ者、という発想に至ったんです。そこにプラスして何かを入れようと考えたときに、ラクスの指輪がヒントになりました。

――オルフェの指輪と共鳴して、ラクスを惑わすシーンもありましたね。

福田▽ラクスにキラとオルフェのどっちが好きかを気持ちだけで決めさせたら、勝負になりませんからね。だけど、遺伝子のマッチング的に最適な相手として造られたオルフェならその限りではないと考えたんです。そもそもラクスがキラを好きになったのは、その人となりに惹かれたから。彼女も普通ならそこを履き違えることはないけれど、そこに一種のマインドコントロールのような遺伝子の共鳴があったとしたら……と。

――ラクスだけではなく、キラも操られて、まんまとファウンデーションの罠にハマってしまいます

福田▽まず、ファウンデーションまで行ってしまったのが隙だらけですね。最初、ラクスは警戒していたけれど、キラが「いいんじゃない」と言ってしまった。それが間違いだったわけです。

――ラクスとキラを支えるカガリとアスランはどのように立場を決めていったのでしょうか？

福田▽カガリは人気抜群の一国の当主です。なぜなら2回も大きな戦争を経験して、それでもオーブの独立を守った。だから、人気が出ないわけがない。C.E.75の段階だと、彼女に取って代わろうとする人もいないと思う。

――絶対的な立場として君臨できていると。

福田▽なので、カガリは悲願だった軍備縮小を進めようとしている。実際、プラントや地球連合は2度の大戦で疲弊しているわけで、そこで設立したのがコンパスです。軍事力を他の勢力からコンパスに供与させることで、少ない費用で世界平和が維持できる――カガリはこのような理由を付けてコンパスの設立に動いたんです。

――軍縮の一環であるわけですね。

福田▽はい。キラがコンパスに参加しているのも、他でもないカガリが頼んだからです。他に言える人もいないですし、キラが行くというからラクスも付いていきた。カガリを起点にコンパスは動いているんですよ。

――逆にアスランは、ターミナルに出向というかたちを選びました。

福田▽さすがにキラ、ラクスと行動するのが気まずいんだと思います（笑）。アスランはカガリの側を離れることもないでしょうしね。彼とメイリンのことを私は御庭番と呼んでいますが（笑）、情報担当として頑張っています。

――アスランはキラたちと前半では別行動していますが、ラクスが自分のもとを去り、弱音を吐くキラに拳で語りかけます。

福田▽「アスランにキラを殴らせる」という部分は、両澤（千晶）がプロットの段階で入れていました。いつもアスランが先に折れてキラの言い分が通ることが多いから、たまにはアスランの意見が通ってもいいんじゃないかと。

カガリとアスランは心で繋がっている

――最終的にキラとラクスは一緒に戦うことになりますね。同じモビルスーツに乗って戦わせるというイメージは当初からあったのでしょうか？

福田▽そうですね。これは物語の結末として必然ではあったのですが、オルフェとイングリットに対して、キラとラクス、要するにパートナー同士の考え方や心の通わせ方で勝負が付いた、というかたちにしたかったんです。

――最終決戦では、アスランが裸のカガリを妄想したシーンもインパクトがありました。

福田▽人の頭の中なんて覗いたら、ろくなことを考えていないわけですよ（笑）。あのシーンで、シュラに考えていることを察知されないために「心を無にして戦う」というのではつまらない。そこでカガリにアスランが搭乗している機体のコントロールを託すようにして、カモフラージュのためのアスランの妄想にシュラが翻弄されて、その仕掛けに気づかない、という流れにしているんです。

――ふたりの積み重ねてきた経験が生かされた戦法ですね。

福田▽ふたりの絆、カガリとアスランは心で繋がっているというものを体現しています。

――シンについては今回、どのように描こうと思いましたか？

福田▽キラの忠犬ですね。一度懐くと、すぐに尻尾を振っちゃう（笑）。だけどアスランのことは大嫌い（笑）。やっぱり性格上、面と向かって「すみません」と言えない子だし、アスランに素直にそう言えたと

しても「だから言ったろ」と頭ごなしに怒られるのがわかっている。だから言わない（笑）。

――とことん相性が悪いわけですね（笑）。

福田▽アスランは何かというと説教臭くなってしまうから。

――ブラックナイトスコードとの戦いでは、そんなシンの直感が生きましたよね。

福田▽いや、あれはもう何にも考えていない証拠です。考えていないけれど、それが強みになっていて、ひとつの意思でもある。考えすぎて失敗することだって世の中にはたくさんありますからね。

――新キャラとなるアグネスが登場しましたが、劇中ではコンパスを裏切り、ブラックナイトスコード側に寝返ります。彼女は強い男に惹かれるキャラ、ということなのでしょうか？

福田▽強いとは限らないですね。彼女は世間的に価値のある男を探している。それは自分を愛していない男でもいいし、他人のものでもいい。

――なるほど。トロフィーとして男を見ている。

福田▽彼らの価値を愛しているんです。だから、あの子は擬態もできる。都合の良さそうな男に対して、自然と合わせられる。たとえば、今回、キラを狙っているときがありましたが、あのときは髪型も含めてキラの好みの女性を「演じて」いるんです。

――そもそもはシン、ルナマリアと同期ですよね。

福田▽士官学校時代はルナと仲が良かったですし、性格も似ているところがある。『DESTINY』のときのルナマリアは、キラに迫るアグネスと同じようにアスランにアプローチしていましたよね？　だからシンと付き合ったことに対して、アグネスは納得していない。「なんでこんなバカと」とまで言う（笑）。

ラストシーンのラクスのセリフに言葉の強さを感じた

――ラストシーンでは、ラクスが「愛の反対は憎しみではない。愛の反対は無関心」という言葉を語り、物語が締めくくられます。

福田▽あれを考えたのは両澤で、プロットに残っていたものをそのまま使っています。言わせるか言わせないか、最後まで迷ったんです。共同脚本の後藤リウさんはあまり乗り気じゃなかったかな。アフレコのときも「使わないかもしれないけれど収録させて」と田中理恵さんにお願いしました。最終的に入れるのを決断したのは、ダビングのタイミングでしたね。

――最後の海岸のシーンにあわせるかたちで、最後にあの言葉があることの意義は大きかったように思います。

福田▽そうですね。そこは言葉の強さを感じたところではありますね。

――作品が完成した今の気持ちを聞かせてください。

福田▽作り終える前はハラハラドキドキしていたのですが、作り終えたらホッとしました。今はもう、とにかくたくさんの人に観てもらえたらという気持ちだけで、どういう評価を得るかはあまり興味がないですね。面白いと思ってもらえればそれで満足です。

――「ガンダムSEEDシリーズ」とは20年以上、向き合ってきたと思いますが、ご自身にとってどんな存在でしょうか？

福田▽他の作品と等しく大切な存在です。ただ、長く続けているだけあって、やはりその分の愛着がある作品だと言えますね。

福田己津央（ふくだ・みつお）

栃木県出身。
アニメーション監督、演出家。
1979年に日本サンライズ（現・バンダイナムコフィルムワークス）に入社。
1991年、『新世紀GPXサイバーフォーミュラ』で監督デビューし、
以降『サイバーフォーミュラ』シリーズが代表作となる。
2024年、総監督を務める『グレンダイザーU』の放送が控える。

脚本 **後藤リウ**

[SCREENPLAY] RIU GOTO

『機動戦士ガンダムSEED FREEDOM』の脚本は、
両澤千晶氏が遺したプロットをもとに後藤リウ氏、福田己津央監督が共同で手掛けている。
これまでノベライズの執筆を担当してきた後藤氏は初の脚本制作において、どのようにこの物語を構築したのか。
メールインタビューで聞いた。

――後藤さんは『機動戦士ガンダムSEED』『機動戦士ガンダムSEED DESTINY』のノベライズ・シリーズを手掛けてきましたが、本作に脚本として の参加を打診された際の率直な感想を教えてください。

後藤▽「マジか！」という気持ちと「やりたい！」という気持ちが半々でした。ほとんど経験がないことを監督にご相談したのですが、それでもいいと言っていただいたのでお受けしました。

――両澤千晶さんのプロットをもとに脚本制作を進めたとのことですが、具体的にはどのように進めていったのでしょうか？

後藤▽両澤さんのプロットをもとに、まず私が全体の物語を作り、それを監督が書き直していく、といったような流れでしょうか。途中途中で志田（香織。バンダイナムコフィルムワークス企画プロデューサー）さん、池谷（浩臣。バンダイナムコフィルムワークス制作担当）さんを含め、4人でいろいろ協議しながら進めていった感じです。

――今回の脚本を仕上げるにあたって、もっとも意識したこと、テーマとしたことを教えてください。

後藤▽「愛」と「人間の価値とは」が作品のテーマです。私が意識したのは、人をモノと見なすことの危険性。これは意外と日常、我々の周りにも存在していますし、自分自身のことでさえ、モノのように扱ってしまうこともありますよね。

――本作は5幕編成となっていますが、構成を考えるうえで意識したことはありますか？

後藤▽うーん、とくにありません。物語は物語なので、全体の流れは小説ととくに変わりはないです。ただ、小説より場面の切り替えが速いので、そのスピード感を楽しみました。あとで小説に書き下ろすときに苦しむことになりましたが……自分で自分の首を絞めたかたちです（笑）。

――福田己津央監督とは、制作にあたってどのようなやり取りがありましたか？ 監督とのやりとりの中で、印象的だったエピソードを教えてください。

後藤▽監督が、今回はキラが情けなく、アスランが格好よすぎるというのを、シーンをUPしながら「キラ、1情けない、2情けない……。アスラン、1格好いい、2格好いい」と指折り数えていたのに笑わされました。私は「キラはそこまで情けなくないです！」と力説しました。

――キラ、ラクス、アスラン、カガリ、シンなど、『機動戦士ガンダムSEED』『機動戦士ガンダムSEED DESTINY』から引き続き登場するキャラクターたちの新しい姿が描かれます。彼らの成長を描くにあたって意識した点を教えてください。

後藤▽成長しているかなぁ……？ 私としては、むしろブレない彼らを描きたいと思いました。

――本作を通してキラとラクスの心情を

描くうえで大切にしたことを、それぞれ教えてください。

後藤▽キラ：キラはデスティニープランを否定したことで、世界に対してすごく責任を感じています。その重圧でラクスにさえも心を閉ざし、結果的に独善的になってしまう。そういうやりきれなさを表現するよう心がけました。

ラクス：書き進めるうちに、今回はラクスの物語だということがわかってきました。ですから、ラクスがどういう人なのか、どう感じているのか、監督とも何度も話し合いました。

――アスランの本作における立ち位置は、どのように固めていったのでしょうか？

後藤▽アスランは今回、狂言回し的な役割ですね。『機動戦士ガンダムSEED DESTINY』ではさんざんひどい目に遭ったので、今回は報われたのではないでしょうか。

――本作においてオルフェを掘り下げるうえで心がけたことを教えてください。

後藤▽オルフェは私の中では「女の子（ラクス）と結ばれればすべてがうまくいく」という、逆「白馬の王子シンドローム」をイメージしていました。彼はそう教え込まれて育った人なので、相手の人格というものを想定していないし、自分自身についても同じなんですね。自分を含めて、人間を大切にできない人なんです。

――「ガンダムSEEDシリーズ」初登場となるアグネスの印象や、彼女を描くうえで気をつけたことを教えてください。

後藤▽ある意味、アグネスもオルフェたちと似ていて、人を持っているもので判断する。理想の自分というものがあって、素晴らしい経歴や素敵な彼氏、他者からの賞賛に囲まれた人生を目指している。でも、その中心にいる「自分」は空っぽなんです。だから、たぶんいつまでたっても満足することはないのでしょうね……。

――「ガンダムSEEDシリーズ」のファンならニヤリとするムウ・ラ・フラガの「あの」活躍シーンは、当初から想定していたのでしょうか？

後藤▽はい、両澤さんのプロットにすでにありました。読んで私もニヤリとしました（笑）。

――本作には、自由や愛についての心に残るセリフが数多くありました。その中でも印象的なセリフやシーンを後藤さんが選ぶとしたらどこでしょうか？

後藤▽両澤さんの「人は必要から生まれるのではありません。愛から生まれるのです」がダントツにいいと思いますが、「あなたを愛してもいない者に、決してあなたの価値を決めさせてはいけません」は私から皆さんにすごく言いたかったことです。

――『機動戦士ガンダムSEED FREEDOM』の制作作業の中で、後藤さんご自身の成長や考え方の変化につながった部分があれば教えてください。

後藤▽成長……したかなぁ……？

――『機動戦士ガンダムSEED FREEDOM』を見た、本書の読者にメッセージをお願いします。

後藤▽もし、楽しんでいただけましたら、関わらせていただいた者として、この上ない喜びです。人生、ときには自分のために戦わねばならないことがあります。自分が自分として生きるために、キラやラクスたちの戦いが少しでも力になればと願います。△

後藤リウ（ごとう・りう）

三重県出身。
小説家、ライトノベル作家、脚本家。
『機動戦士ガンダムSEED』のノベライズ・シリーズを執筆。
代表作は『夢守りの姫巫女』、『聖者が殺しにやってくる』など。

05

STORY GUIDE & ART DESIGN

ストーリーガイド＆美術紹介

第一幕

終わりなき戦いの連鎖

「ブレイク・ザ・ワールド」事件に端を発する大規模な戦闘が終結し、迎えたC.E.75——。プラント、オーブ、大西洋連邦は世界平和監視機構「コンパス」を共同で創設し、新たな戦いの芽を摘み取ろうとしていた。コンパスにはキラやシンといった優秀なモビルスーツパイロットが多数参加しており、大規模な戦火は事前に防がれていたが、「この戦いには終わりが見えない」と、キラは焦りと憤りを感じていた。

その頃、コンパスは新興国家ファウンデーション王国から、ブルーコスモスの残存勢力を叩く共同作戦への参加を要請される。ラクスは、キラの負担が増すことを危惧しながらも、争いのない平和な世界を実現する一歩と考え、作戦への参加を決意する。

DIRECTOR'S COMMENTARY

福田己津央

倦怠期のカップルのようにすれ違うキラとラクスを描こうとしました。ふたりが暮らす家や、ラクスの作る料理もそうですが、ピクニックに向かうシーンではキラに似合わないデザインのバイクに乗せています。そうした細かい部分から、彼らが本来の生き方を見失っていることを表現したいと思いました。

キラとラクスが乗るバイク

このシーンに出てくるバイクは実車がモデル。「ふたりが乗るのはホンダのGOLD WINGで、その横に置いてあった車輌も、同じくホンダのHAWK11です」（福田）

誰も信用していないキラ

「キラは誰も信用していないので、部下であるシンにもアグネスにも出撃許可を出さない。シンはそのことにフラストレーションを抱えています」（福田）

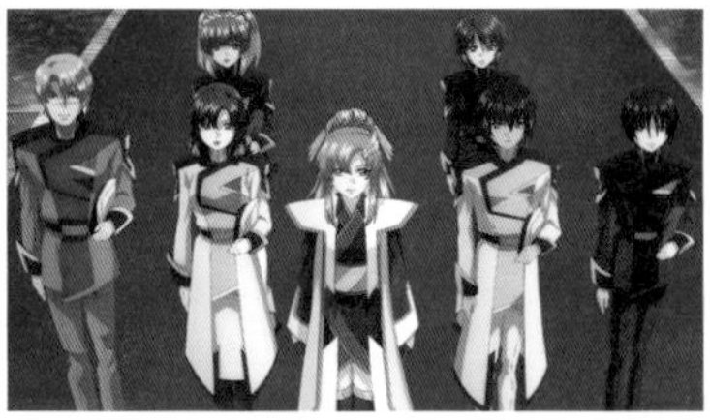

第二幕

キラの暴走、コンパスの敗北

ファウンデーションの女王アウラと謁見したコンパス一同。その際、宰相オルフェと出会ったラクスは、強く惹かれるような不可思議な感覚に包まれる。一方、キラたちも、圧倒的な身体能力の高さを示す「ブラックナイトスコード」の面々に脅威を感じていた。

そして始まった共同作戦。ブルーコスモスの拠点であるユーラシア連邦とファウンデーションの間にある軍事緩衝地帯に攻撃を行うが、キラが突然、単独行動に出る。彼はそのまま軍事境界線を突破したため、戦場は混乱。ユーラシア連邦領内から反撃として核ミサイルが放たれ、ファウンデーションの首都イシュタリアが壊滅する。コンパスにも大打撃を与えたこの事態、じつは裏でファウンデーションが暗躍していた。

DIRECTOR'S COMMENTARY

福田己津央

オルフェのラクスに対するアプローチの仕方にはこだわりました。ここは両澤のシナリオにはなかったところです。そもそも「あなたのために咲いたのです」と言える奴はロクでもない(笑)。でも、下野(紘)さんが「ドヤ!」という感じではなく心がこもったように語りかけるから、ラクスの警戒が緩んだのかなと。

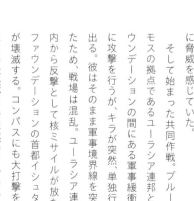

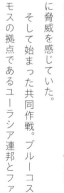

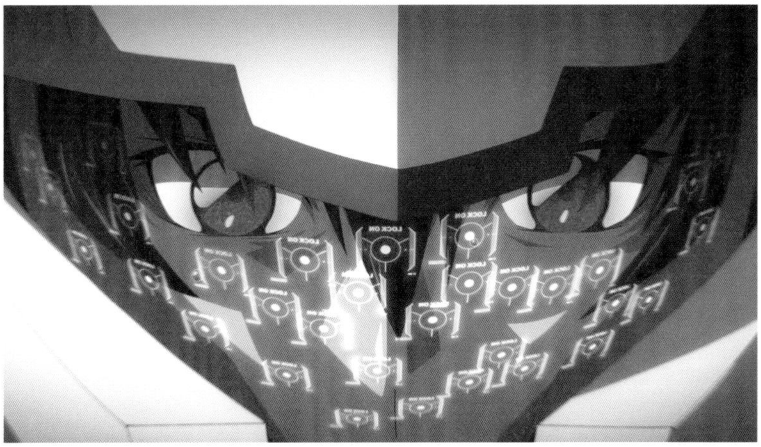

ラクスの回想シーン

ラクスの頭に流れ込むような過去の回想シーンは、大半は新規で描き起こされている。「その内容をよく見ると物語を読み解く手がかりになります」(福田)

ラクスとオルフェのダンス

高い身体能力と家柄を感じさせるふたりのダンス。「あれはキラにはできないレベルのダンス。だからキラが何とも悲しい顔をします」(福田)

第三幕

再び問われたデスティニープラン

核ミサイルによって多くの市民が死傷した「エルドアの惨劇」は世界に衝撃を与えた。ユーラシア連邦と、作戦を主導したコンパスには批判の声が高まり、コンパスは行動停止を余儀なくされる。

ファウンデーションは、ユーラシアへの報復として、レクイエムでその首都を破壊。続けてオルフェは、自身らが人類の調停者として社会を統べる「アコード」だと全世界に明かした。さらに、かつてデュランダルが発案したデスティニープランの導入を宣言し、反対する国をレクイエムで攻撃する強硬策に出る。これを防ぐため、オーブに潜伏していたキラやコンパスの面々は、ファウンデーションに軟禁されたラクスの救出と、レクイエムの発射を止めるために動き出す。

DIRECTOR'S COMMENTARY

福田己津央

キラとアスランの殴り合いのパートは、アニメーターが頑張ってくれました。あのシーンをよく見ると、キラのパンチは一発も当たっていません。むしろ、止めに入ったシンが殴られているくらいで(笑)。流れとしても、あそこでアスランが殴られてしまうのは違うかなと思いながら演出しました。

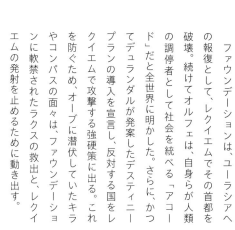

デスティニープラン

ファウンデーションが世界での導入を目指したデスティニープラン。「プラン自体は悪だとは考えていません。強制されることが問題なのです」（福田）

生身のキラの「弱さ」

シュラから模擬戦に誘われてもキラは断っていた。「身体能力は高いのですが、彼はそもそもそういうことを好まないんです」（福田）。

第四幕

ラクスの救出へ

オルフェは、デスティニープランに賛同しないオーブにもレクイエムを向ける。一方、キラやシンなどコンパス部隊の生存者と、ターミナルに出向しているアスラン、メイリンは、ラクス救出のための行動を開始。オーブと結託し、戦艦ミレニアムを〝ハイジャック〟のかたちで奪い、レクイエムの発射阻止に向け出航する。オルフェはこの策には動じなかったが、命を奪ったはずのキラが現れたのは彼にとっても想定外だった。混乱するオルフェとアウラは目標を急遽ミレニアムに変更するが、攻撃は失敗。ミレニアムはこの間隙を縫って宇宙へ上がることに成功し、別行動を取っていたキラは、潜入したファウンデーションの衛星基地でラクスと再会。その身柄を奪還する。

DIRECTOR'S COMMENTARY

福田己津央

ラクスを救出するくだりは『機動戦士ガンダムＳＥＥＤ』第6話「消えるガンダム」をなぞっています。ニコル・アマルフィが、ブリッツのミラージュコロイドを生かしてアルテミス要塞に潜入したパートですね。ちなみに今回の要塞も、ユーラシア連邦が使っていたものと同じ要塞、という設定です。

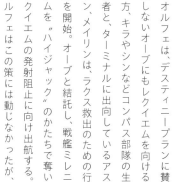

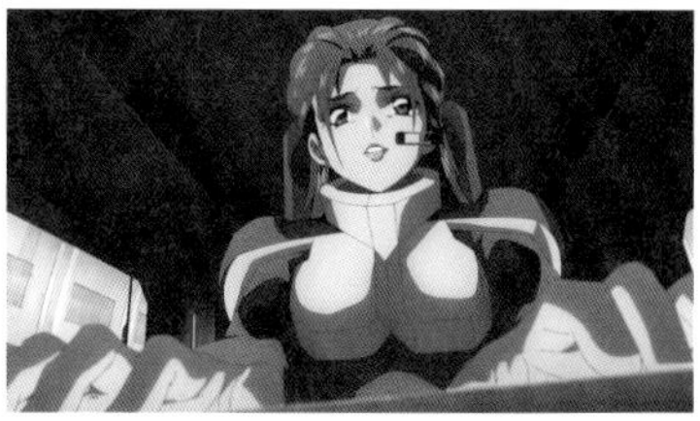

キサカの活躍

「明けの砂漠」時代にカガリをサポートし、その後もオーブを陰日向に支えてきたレドニル・キサカ。アルテミス要塞潜入においては、キラとともに行動している。

ラクスの拒絶

キラへの想いをあらためて確認し、オルフェの強引な行動にも動じなかったラクス。「遺伝子で決められた運命の人なんていない、と示したシーンです」（福田）。

第五幕

愛と自由を巡る最終決戦

ミレニアムとオーブ艦隊がレクイエムの破壊を目標に定めた頃、ファウンデーションと、彼らと共闘していたザフトの急進派部隊はこれに抵抗する。混迷する戦場の中で、ラクスが全世界に向けて声明を発表。ファウンデーションへの抵抗と、デスティニープランにあらためて反対する立場を表明する。それでも引き下がらないファウンデーションに対し、キラたちはストライクフリーダムガンダム弐式などの改修機を投入して戦乱終結を目指す。

その結果、レクイエムの破壊に成功し、オルフェやアウラの野望を打ち破ることに成功。「僕は自分の手で未来を選ぶ！」――キラとラクスは、遺伝子で決定される未来を否定し、愛のある自由な世界を勝ち取ったのだった。

DIRECTOR'S COMMENTARY

福田己津央

最終決戦は、実質的にはラクス対オルフェですね。運命から逃れて未来を選ぼうとするラクスと、運命のまま生きようとしたオルフェ。最後のラクスのセリフは、オルフェの演説に対する回答です。キラとラクスは、この戦いを通じてようやく他人に託す道をひとつ作ることができたのかなと思います。

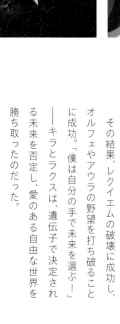

エンディングテーマについて

「去り際のロマンティクス」の歌詞は、監督自らSee-Sawの石川智晶氏に発注。「テーマも含めて伝えましたが、その言葉のセンスには感動しました」（福田）

アグネスの配役

アグネス役は、過去にフレイやステラを演じた桑島法子氏。「最初は迷いました。だけど、演じてもらったらさすがでしたね」（福田）

↑ ファウンデーション 王城（俯瞰）

美術紹介

〔 ファウンデーション王国 〕

ユーラシア連邦から独立した新興国家。入り組んだ地形を生かした都市づくりがされているようで、港湾部に王城がある。

↑ ファウンデーション 王城（全景）

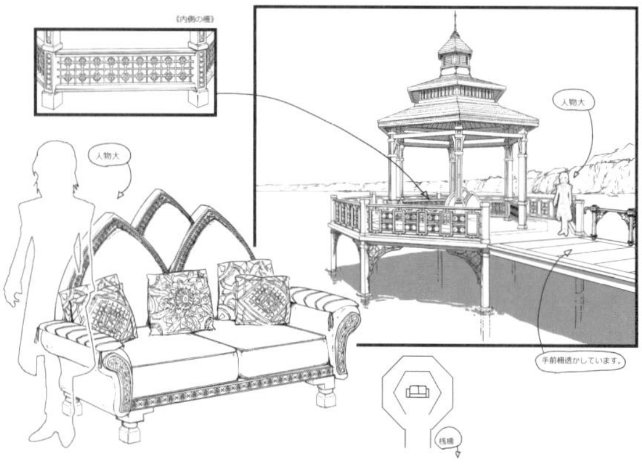

↑ ファウンデーション 王城（湖畔の東屋）

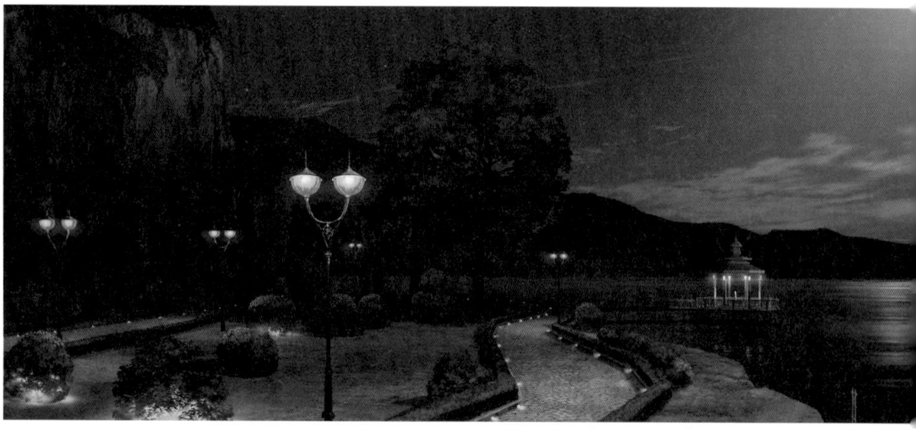

↑ ファウンデーション 王城（湖畔の東屋）

↑ ファウンデーション 王城内(広間)

↑ ファウンデーション 王城内(謁見の間・玉座寄り)

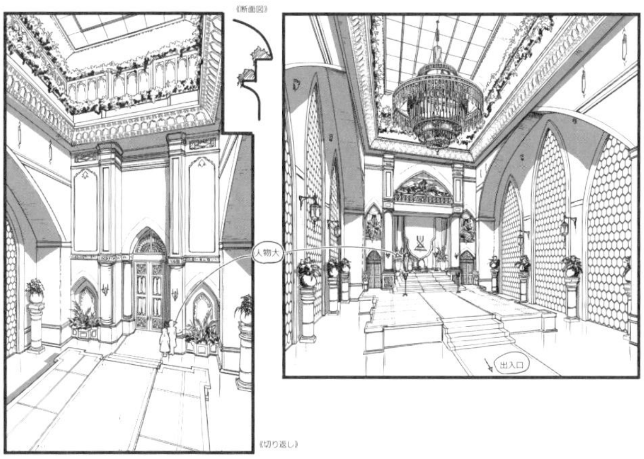

↑ ファウンデーション 王城内(謁見の間 入り口・全景)

↑ ファウンデーション 王城(バラの庭園・噴水)

↑ ファウンデーション 王城(テラス)

〔 ファウンデーション王国 〕

↑ ファウンデーション王城内(アウラの私室)

アウラの私室には、子供のようにかわいがるブラックナイトスコードの面々が集まることも。

↑ ファウンデーション 王城内(アウラの私室・出入り口付近)

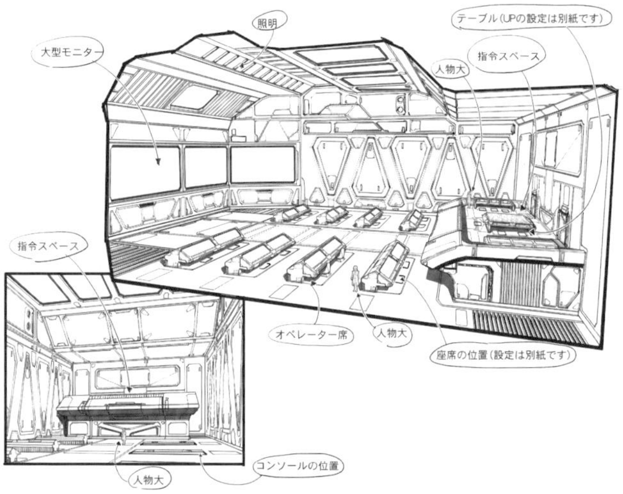

↑ ファウンデーション 王城内(戦略情報室)

↓ ファウンデーション 旧市街(表通り)

目に見えるところは整備されているが、裏通りに入ると未整備の場所も多い。

↑ ファウンデーション 旧市街(裏通り)

〔 オーブ連合首長国 〕

首都オロファトがある本島（ヤラファス島）をはじめ、オノゴロ島など大小さまざまな島で構成されている技術立国。

↑ オーブ 首長官邸内（カガリ執務室）

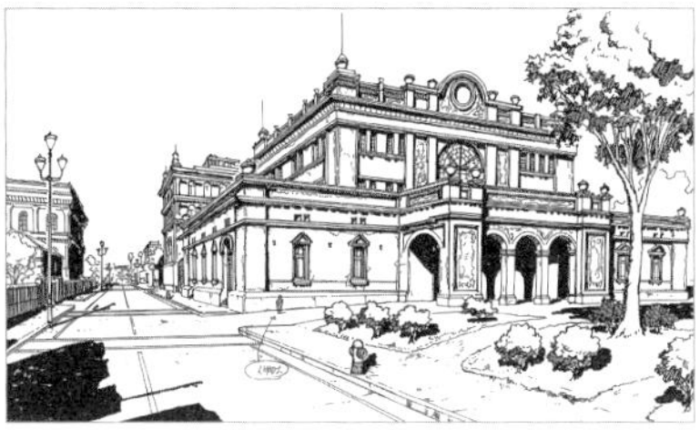

↑ オーブ 首長官邸（外観）

↑ オーブ 首長官邸内（戦時情報会議室）

有事の際に使用された戦時情報会議室。前面には大型のモニターが備えられている。

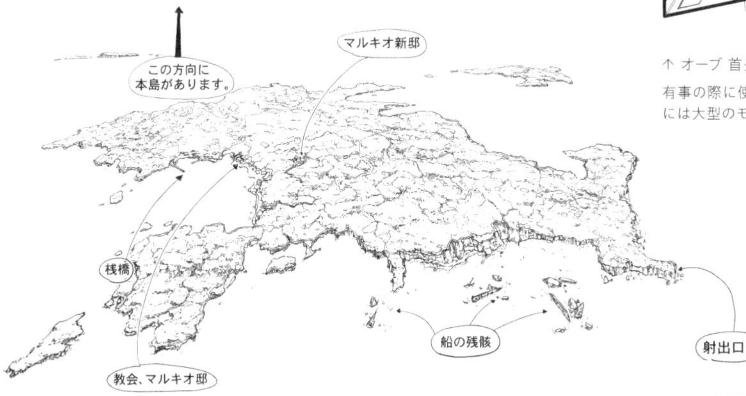

↑ オーブ アカツキ島全景

↑ オーブ アカツキ島（秘密基地）

〔 プラント 〕

宇宙に建造された人工居住区(コロニー)である「プラント」。その環境は地球を模したものとなっている。

↑ プラント くじら石ビル(小会議室)

↑ プラント くじら石ビル(くじら石の神殿)

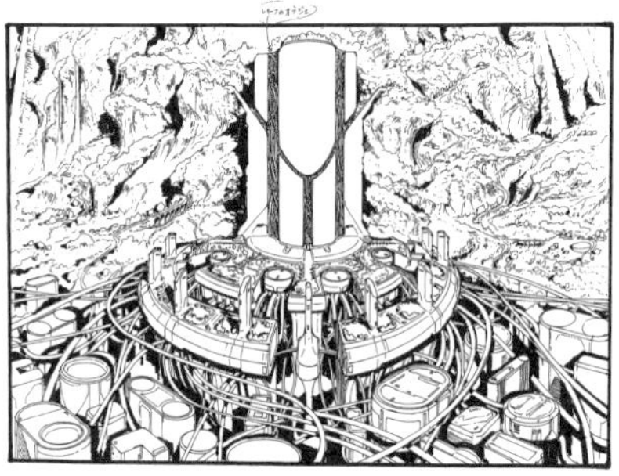

↑ プラント くじら石ビル(外観)

コンパスの本部はプラント内にある。リモート会談を行う際には執務室が使われた。

↑ プラント コンパス本部(ラクス執務室)

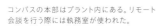

〔 キラとラクスの家 〕

プラント内の高台にあるキラとラクスの自宅。広々としたリビングにキッチン、さらにキラのデスクも備えている。

↑ キラとラクスの家（外観）

↑ キラとラクスの家（内観・全景）

↑ キラとラクスの家（外観・夜）

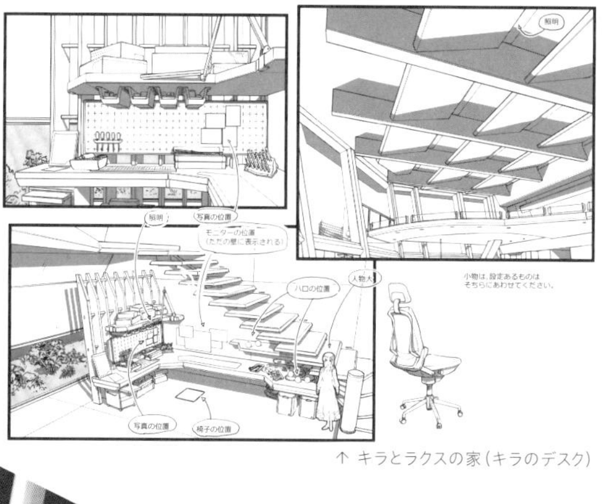

↑ キラとラクスの家（キラのデスク）

↑ キラとラクスの家（キッチン）

機動戦士ガンダムSEED FREEDOM キャラクターアーカイブ

2024年4月1日　初版発行
2024年6月3日　第4刷発行

監修 = バンダイナムコフィルムワークス

取材・執筆 = 森 樹

装丁 = 阿閉高尚（atd inc.）

本文デザイン = 眞々田 稔（ホンマチ組版）

編集 = 串田 誠／倉本江梨

編集協力 = 木村和美

発行人 = 野内雅宏

編集人 = 串田 誠

発行所 = 株式会社一迅社
〒160-0022 東京都新宿区新宿3-1-13 京王新宿追分ビル5F
03-5312-7439（編集部） 03-5312-6150（販売部）
発売元：株式会社講談社（講談社・一迅社）

印刷・製本 = 大日本印刷株式会社

Printed in Japan | ISBN978-4-7580-1868-5